KURT SCHEFFBUCH

Andere verstehen andere gewinnen

W0035144

Impulse zur Gesprächsführung

Die Deutsche Bibliothek – CIP-Einheitsaufnahme

Scheffbuch, Kurt:
Andere verstehen – andere gewinnen:
Impulse zur Gesprächsführung / Kurt Scheffbuch. – Neuhausen-Stuttgart:
Hänssler, 1991
   (Edition C : C; 326 : Paperback)
   ISBN 3-7751-1689-3
NE: Edition C / C

EDITION C-Paperback, C 326
Bestell-Nr. 58.026
© Copyright 1991 by Hänssler-Verlag, Neuhausen-Stuttgart
Titelbild: Hans-Günter Ulmer, Bildagentur Mauritius
Umschlaggestaltung: Heide Schnorr v. Carolsfeld
Printed in Germany

Inhalt

VORWORT

Aus meiner Tätigkeit als Unternehmensberater weiß ich, wie wichtig es ist, gezielt zum Kern eines Problems zu kommen. Erst wenn wir eine solide, überzeugende Analyse des Problems gefunden haben, sind wir imstande, eine treffsichere Lösung zu finden und sie gemeinsam umzusetzen.

Auf dem Markt der Weltanschauungen und Ideologien gibt es ein Überangebot von Doktrinen. Sie entzünden jedoch mehr die geistige Auseinandersetzung, als daß sie die Probleme lösen helfen.

In der religiösen Szene – Verzeihung, so wird es von außen empfunden – hat man gewöhnlich die Lösung gepachtet, bevor man das Problem richtig kennengelernt und sorgfältig analysiert hat. Dies ist möglicherweise der Hintergrund der massiven Enttäuschung, die hierzulande zu einer millionenfachen Abstinenz von traditionellem Glauben geführt hat: Bieten manche nicht vorzugsweise »Religion Instant«, das heißt »sofortlösliche«, kurzatmige Antworten auf die verschiedenen Fragen, bevor man sich überhaupt die Mühe gemacht hat, in die Niederungen des konkreten Problems einzusteigen und erst mal zu erfahren, wo und warum »der Schuh drückt«?

Möglicherweise trifft dieser Vorwurf, der von außen kommt, fast alle, die wir uns drinnen fühlen, in einer wohlbehüteten Gemeinde. Welcher Konfession oder welcher Gruppierung wir uns auch zugehörig fühlen, in diesem Punkt scheint es einen kleinsten gemeinsamen Nenner zu geben: Wir wissen schon die Antwort, bevor wir das Problem richtig kennengelernt haben.

Deshalb dieses Buch. Es ist der Versuch, den Problemfaden da aufzugreifen, wo das Ende des verworrenen »Wollknäuels« ist: Die Christen haben eine einmalige Botschaft, aber sie sind darauf sitzengeblieben.

Das Problem heißt: Absolutes Defizit an Kommunikation. Wir haben die Sprache verloren, mit der die Gute Nachricht von Christus die Gesellschaft durchdringen, erneuern, beleben soll.

Ich möchte Sie einladen – nicht zum schriftlichen Vortrag – vielmehr zum Gespräch. Daher die aufgelockerte Form, die sich zum Durchdenken und Durcharbeiten anbietet, ob Sie es allein tun, oder ob Sie sich gemeinsam darüber austauschen, in einer Gesprächsgruppe, in einem Mitarbeiter-Team, einem Hauskreis.

Dazu noch eine Anmerkung und eine Anregung:

Das Buch richtet sich an Christen, es will ein wenig provozieren – und ermutigen. Es wurde bewußt auf das Vokabular der religiösen Insider verzichtet und versucht, so weit wie möglich die Sprache derer zu wählen, zu denen wir die Kommunikation weithin verloren haben: die Menschen unserer säkularisierten Gesellschaft, die in der Regel Gott nicht mehr kennen, aber doch vereinzelt das Suchen nach ihm noch nicht verdrängt, noch nicht aufgegeben haben. Ihnen gilt meine besondere Sympathie.

Ich erbitte deshalb Ihre Nachsicht und Ihr wohlwollendes Verständnis für die Herausforderung, der wir uns im folgenden gemeinsam stellen wollen. Und als Anregung: Wollen Sie es mal – für sich und in Ihren Kreisen – probieren, geistliche Aussagen in ganz normaler Sprache auszudrücken, so daß normale, säkulare Menschen es verstehen? Übrigens – es ist gar nicht immer leicht, so zu sprechen, aber es ist ein attraktives Ziel. Jesus hat es so gemacht.

Kurt Scheffbuch

I. Das große Fragen und die Sprachlosigkeit

1. Das große Fragen

Unsere geistige Situation ist geprägt durch einen gigantischen Umbruch im Denken. Traditionelle Werte, oft seit Jahrhunderten gültig, werden in Frage gestellt, abgewertet, abgewrackt. Das entstehende Vakuum läßt keinen zufrieden werden: So kommt kein Sinn auf, keine Geborgenheit. Immer nachhaltiger, bohrender wird das Fragen – gerade auch bei der jungen Generation: Was gibt meinem Leben Sinn? Worauf kann man sich noch verlassen?

Was ist die Antwort angesichts dieser tiefgreifenden Fragen, die nicht immer laut geäußert werden, aber unterschwellig um so aufwühlender sind? Was ist denn die Antwort der Kirchen? Sie haben viel Kritisches zu vermelden bei Themen, für die sie wenig Kompetenz aufweisen: Gesellschaft, Wirtschaft, Politik. Doch das Wesentliche ihres eigentlichen Auftrages bleibt vielfach vergessen, verdrängt verschollen: den Menschen im Namen Gottes eine Perspektive fürs Leben zu vermitteln.

Wie kann das Evangelium, das heißt die Gute Nachricht, unserem Leben neuen Sinn geben, unser Denken und Handeln umgestalten – bis in die privatesten Bereiche hinein?

Im säkularen Bereich wurde die Lücke erkannt, das Vernachlässigte als Chance ergriffen. So wird das Seminarangebot der Arbeitswelt immer stärker auf das zentrale Problem, den fehlenden Sinngehalt in unserer modernen Welt, ausgerichtet. Volkshochschulen haben dafür ein vielfältiges Spektrum von Angeboten. In manchen Seminar-Angeboten gibt es geradezu einen Wildwuchs von Kursen, die sich mit Übersinnlichem, mit fragwürdigen Psycho- und Esoterik-Praktiken, abgeben. Das Unbehagen an dieser Entwicklung wächst. Gab es bis vor zwei Jahrzehnten ein einseitiges Vertrauen auf das Rationale im Menschen, auf die Vernunft, so ist dies radikal umgeschlagen in das andere Extrem: Das Irrationale ist hoch im Kurs, und sei es noch so abstrus.

Tatsache bleibt: Millionen von Menschen sind in dieser Zeit fragend geworden, hungrig nach gültigen Antworten. Aber diejenigen, die kompetent sein müßten, um eine ermutigende Antwort von Gott her zu geben, sie sind nicht zur Stelle, von einzelnen überzeugenden Ausnahmen abgesehen...

Der Erfolgsautor Raymond Hull spricht in der Einführung zu seinem Bestseller »Alles ist erreichbar« über die Religionen. Er meint:

> Sie »haben oft lang andauernde, radikale Wirkung. Sie setzen jedoch im allgemeinen voraus, daß man an den Schöpfer und die Schöpfung glaubt. ›Allein der Glaube kann dich retten‹, ist ihr Wahlspruch. Man fragt sich: ›Wie komme ich zu diesem tiefen Glauben? Wie lerne ich glauben?‹
> Und keine Religion gibt darauf eine klare Antwort.«

Wie verbreitet diese Auffassung ist, wird durch zahllose ähnliche Aussagen bestätigt. Es gibt zwar ein stark wachsendes Interesse an Religion. Immer mehr Menschen fragen nach dem Glauben. Aber sie bekommen oft keine klare Antwort. Weshalb? Nicht etwa, weil die christliche Botschaft diese Antwort vermissen ließe. Nein, die Botschaft ist überzeugend.

Das Problem liegt in der mangelhaften Übermittlung. Die Gute Nachricht ist bei den einen nur noch eine gute Sache, ohne aktuellen Nachrichten-Charakter. Bei den anderen ist sie nur eine Nachricht, von der man nicht weiß, worin sie gut sein soll.

Welche Konsequenzen wollen wir daraus ziehen?

Wollen Sie, daß Menschen heute die Botschaft von Jesus Christus hören, daß sie erkennen, wie aktuell sie ist? Wollen Sie mit anderen wieder erleben, wie gut sie ist? Sie ist das, was wir heute auf vielen Gebieten brauchen, sie ist innovativ, d. h. erneuernd, neue Wege weisend.

Aber wie sollen unsere Zeitgenossen die Botschaft von Christus vernehmen, wenn nicht Christen die Zeichen der Zeit erkennen und sich von Christus zum Botschafterauftrag rufen lassen?

2. Die Sprachlosigkeit derer, die etwas mitzuteilen haben

Wir leben in einer Zeit der Kommunikation. Verständigung unter den Völkern und Kontinenten ist großgeschrieben. Hervorragende technische Informations- und Kommunikationsmittel stehen uns zur Verfügung: Presse, Funk, Fernsehen, BTX, Telefax – und doch ist die Verständigung von Mensch zu Mensch immer noch das große, unermeßliche Problem, wie eh und je. In Sekundenschnelle können wir von Kontinent zu Kontinent eine Verbindung herstellen. Aber die Verständigung zwischen mir und dem Nächsten, das echte tiefe Verstehen – daran fehlt es oft.

Kein Zweifel – hier liegt das Problem. Auch wenn wir in vielen Worten geübt sind, sie helfen uns meist nicht, wenn sich eine Kluft auftut, wo eine Beziehung vermutet wurde, wenn Sprachlosigkeit herrscht, wo verstehendes Sprechen möglich sein sollte.

Dabei fehlt es nicht an Worten. Es gibt einen Überfluß davon, gute und weniger gute. Es ist eher wie bei den Nachrichten des Tages – wie schnell sind sie uninteressant geworden, veraltet, vergessen. Wir haben eine Inflation der Worte: Der Wert, der dahintersteht, nimmt spürbar ab. Um so empfänglicher werden wir für die wenigen Worte, die etwas bedeuten, weil etwas dahintersteht, das zählt.

Die Welt braucht heute Menschen, die mit Gott leben, und die durch gelebte Zuversicht und in betender Vollmacht in die Gesellschaft hineinwirken. Aber gerade an solchen Menschen mangelt es.

Wir möchten gewinnend davon sprechen, was Jesus Christus uns bedeutet. Aber können die anderen, die bisher vom Christentum nichts wissen wollten, überhaupt unsere Sprache verstehen? Und verstehen wir denn, wie die anderen denken und welche Enttäuschungen sie damit gemacht haben – mit *Christentum ohne Christus?*

Hier ist weites Neuland, das es zu entdecken gilt: Wie kann die Gute Nachricht auf säkularer Ebene glaubwürdig vermittelt werden? *Nur wenn wir sie selbst erleben und vorleben, und wenn wir neu lernen, mit Andersdenkenden verstehend und gewinnend zu sprechen.*

Der erste Impuls:

WIE ÜBERWINDEN WIR DIE SPRACHLOSIGKEIT? WENN WIR WICHTIGES MITZUTEILEN HABEN – UND WENN WIR ES MITZUTEILEN VERSTEHEN.

II. Voraussetzungen für gute Gesprächsführung

Ein gutes Gespräch ist ein Nehmen und Geben, kein einseitiges Drauflosreden und auch kein stumpfes Schweigen. Das ist nicht immer so einfach, und nicht immer ergibt es sich von selbst. Was muß beachtet werden, damit das Gespräch in guten Bahnen verlaufen kann?

Zunächst sollen einige grundlegende Empfehlungen aufgegriffen werden, die naheliegend erscheinen, aber oft gar nicht so leicht umzusetzen sind.

Empfehlungen	Was ist Ihnen...	
	wichtig?	weniger wichtig?
● Auf den anderen zugehen	_ _ _ _ _	_ _ _ _ _
● Mit Namen ansprechen, auch öfter während des Gesprächs	_ _ _ _ _	_ _ _ _ _
● Freundlicher Gesichtsausdruck	_ _ _ _ _	_ _ _ _ _
● Zuhören	_ _ _ _ _	_ _ _ _ _
● Nicht im Satz unterbrechen	_ _ _ _ _	_ _ _ _ _
● Aussagen aufgreifen	_ _ _ _ _	_ _ _ _ _
● Bereitschaft zu Ich-Aussagen	_ _ _ _ _	_ _ _ _ _
● Defizite und Fehler eingestehen	_ _ _ _ _	_ _ _ _ _
● Verständnis zeigen	_ _ _ _ _	_ _ _ _ _
● Rückfragen zum Verständnis	_ _ _ _ _	_ _ _ _ _

1. Gespräch – Brücke oder Sackgasse?

Durch das Wort kann eine Brücke zum Mitmenschen geschlagen werden. Es kann Freude und Ermutigung gebracht werden, Verständnis und Anteilnahme. Aber Worte sind auch imstande zu verletzen, zu enttäuschen und auch zu blockieren.

Eine Sackgasse der Kommunikation kann durch ein Zuviel an Worten entstehen oder durch ein Zuwenig. Zunehmend gibt es eine undefinierbare Sprachlosigkeit, ein Unvermögen zu kommunizieren, das wohl Teil unserer anonymen Massengesellschaft ist.

»Zumindest ist es nicht verwunderlich, wenn Großstadtbewohner vorsorglich in Gaststätten, U-Bahn-Zügen und Wartezimmern sich nicht einer in die Nähe des anderen setzen, sondern so, daß zwischen jedem so viel Raum wie möglich ist.« Mit dieser Feststellung trifft Ulrich Schmidt in seinem Buch »Menschen lernen miteinander reden« ins Schwarze, und er zieht die Konsequenz: »Nun stehen sie vor der Notwendigkeit, wieder neu zu erlernen, was bis zum Aufkommen der Großstadt-Zivilisation für jedermann so selbstverständlich war wie das Zwitschern für die Vögel: das Miteinander-Reden.«

Wie können wir wieder natürlich miteinander reden, so natürlich wie das Zwitschern der Vögel?

Am Anfang ist meist ein Impuls notwendig, um das Schweigen zu durchbrechen. Dann läuft es meist leichter. Später sind weitere Impulse angeraten, um einseitiges Reden durch echten Austausch zu ersetzen.

Fragen zum Gesprächs-Training:

a) Sind Sie ein Impulsgeber – oder sind Sie eher abwartend?
b) Fällt es Ihnen – nach Gesprächsbeginn – leichter zu sprechen oder eher zuzuhören?

c) Können Sie im weiteren Fortgang Impulse zum Gesprächsverlauf geben, oder reagieren Sie lieber auf Anstöße des
Gegenübers?

d) Haben Sie schon festgestellt, wie Sie zunächst mit dem
Gesprächsbeginn Mühe hatten – und Ihr Gegenüber ebenfalls? Und wie Sie dann so in Fahrt kamen, daß es Ihnen
beiden schwer fiel, sich zu stoppen und dem anderen zuzuhören?

Wie können wir den richtigen *Anknüpfungspunkt* für ein gutes
Gespräch finden? *Durch natürliche Unbefangenheit und richtiges
Hinhören.*

»Insofern ist es gar nicht verpönt, vom Wetter zu reden. In der
Tat ist dieses etwas allgemein Verbindendes und der Anknüpfungspunkt zahlloser auch tieferer Gespräche. Wie will man
sonst über die Hüllen der Konvention und des gegenseitigen
Abstands hinüberkommen?...

Aus der Art, wie wir natürlich und fröhlich auf das alle Bewegende eingehen, erhält der andere ein Bild von uns, es kann Vertrauen entstehen... Bei jedermann besteht ein natürliches Interesse für das ganze weite Gebiet seiner Arbeit und seines
Berufes... Wenn sich ein Besuch bei einem Kaufmann oder Fabri-
kanten zunächst nach den Fabrikationsmethoden und dem Roh-
material erkundigt, so kann der Eindruck sein: ›Ein ganz ver-
nünftiger Mensch‹, und die Basis des persönlichen Vertrauens ist
oft damit schon gegeben.« Dies schreibt Otto Riecker, der Seelsorger und Gründer des Lebenszentrums Adelshofen, in seinem
Buch »Die seelsorgerliche Begegnung«.

– Sind Sie bereit, *auf den anderen zuzugehen?*
– Wollen Sie auf ihn *hören: Wo steht er, wie denkt er, was will er?*

Im folgenden wollen wir das Buch der Bücher, die Bibel, von
einem neuen Blickwinkel kennenlernen: Sie birgt – wie eine
Goldader – wertvollste Erfahrungen und Anregungen auf dem
Gebiet zwischenmenschlicher Beziehungen.

Wollen wir anfangen, die verborgenen Schätze auszugraben!

Lukas 2,46 b–47   Lukas 8,15.18.21
Wie könnte dies heute in die Praxis umgesetzt werden?

Fassen wir zusammen:

**HÖREN IST ERGIEBIGER ALS ŘEDEN.
GUTES HÖREN BEFÄHIGT ZU GUTEM REDEN –
NICHT UMGEKEHRT.**

2. Wo steht der andere?

Dies ist eine Schlüsselfrage für die Gesprächsführung. Wie gern würden wir über den anderen mehr wissen. »Im Alltag läßt es sich jedoch nicht voraussehen, ob zum Beispiel zwei Menschen, die man unabhängig voneinander kennt und schätzt, sich miteinander verstehen. Im Gegenteil: Die »Chemie der zwischenmenschlichen Begegnung« kann aus »harmlosen Elementen« hochexplosive Verbindungen bilden. Und genauso können umgekehrt stille »langweilige« Menschen im Kontakt mit bestimmten Menschen plötzlich aufblühen – also scheinbar den ›Typ‹ wechseln.« (Christoph Thomann/Friedemann Schulz von Thun in: Klärungshilfe)

Die Verständigung von zwei Menschen wird dann noch anspruchsvoller, sensibler, wenn es um religiöse Themen geht. Da sind dann nicht nur die Unterschiede des äußeren Auftretens, die geistigen und die emotionalen Besonderheiten zu berücksichtigen, sondern auch die Befangenheit, die durch dieses Thema unwillkürlich entsteht. Weshalb eigentlich?

Bisweilen nehmen weltanschaulich gebundene Menschen wenig Notiz von dem Standort des Gegenübers, wie er denkt. Das Überzeugtsein von der eigenen Auffassung und ein gewisses Sendungsbewußtsein scheinen zuweilen den Horizont eher zu begrenzen als zu erweitern und das Interesse am anderen eher zu lähmen als zu wecken.

Vieles, was bei religiösen Gesprächen falsch gemacht wird, geschieht in unbewußter Anlehnung an das Vorbild des Predigers auf der Kanzel. Wenn ein Laie jedoch ins Predigen, ins Belehren kommt, ist dies doppelt unangemessen. Unser Arbeitsfeld ist nicht die Kanzel, und den meisten fehlt auch die Kompetenz dafür.

Wir alle lassen uns nicht gern belehren. Denken Sie an das Beispiel des »Gesundheitsfanatikers«, der bei jeder Begegnung auf die ungesunde Lebensweise aufmerksam macht; er möchte, wie er sagt, nicht zurechtweisen, er möchte »in aller Bescheidenheit helfen«. Aber gerade diese Art ungefragter Hilfe haben wir nicht so gern. In der Gesundheitspflege genauso wenig wie im Religiösen.

Ähnlich verhält es sich mit dem Sektierer an der Straßenecke; er steht zwar schweigend da, zugegeben. Aber seine demonstrative Haltung wird von den Passanten gewöhnlich als besserwisserische Aufdringlichkeit empfunden und entsprechend abgelehnt – wohl ungerechterweise. Doch was der eine will, ist eine Sache, und was die Gegenseite empfindet, ist oft eine andere Sache. Dies gilt auch für andere Schattierungen von Weltanschauungen. Ihre Sätze sind oft wie Auto-Aufkleber: belehrend und reklamigabstoßend oder witzelnd und selbstsicher-vollmundig.

Das Image der Christen ist heutzutage wenig einladend. Aus zahllosen Gesprächen mit »Outsidern« läßt sich ableiten, daß zwischen Sein und Schein, zwischen dem Wollen der Christen und ihrer Darstellung in der Öffentlichkeit ein krasser Unterschied besteht. Man empfindet sie als Besserwisser und als lebensfern. Durch ihre »Zeugnisse« erreichen sie zuweilen das Gegenteil von Begegnung, sie erzielen Absonderung, indem sie sich – oft unbewußt – von anderen abheben.

Genau an dieser Stelle sind wir heute gefragt. Sind wir zu echten Begegnungen bereit? Dann sollten wir uns auch auf der Ebene bewegen, wo die anderen stehen – nicht daneben und vor allem nicht darüber.

Was dies praktisch heißt, dafür gibt Paulus ein Beispiel: 1. Korinther 9,19–23.

Welche Konsequenzen könnten sich für uns ergeben?

a) Verzicht auf den Lebensstil der Insider – wann und warum?
(V. 21) _____

_____

Was ändern? _____

_____

b) Moralische Maßstäbe zurücknehmen (V. 20 b) und das Ziel
voranstellen (V. 19 b, 22 b, 23). Praktisch: _____

_____

Der Sachverhalt in Kürze:

**UM DEM ANDEREN BEGEGNEN ZU KÖNNEN,
MUSS ICH MICH AUF SEINER EBENE BEWEGEN
UND IHN DORT ABZUHOLEN VERSUCHEN.**

3. Unterschiedliche Blickwinkel

Das Problem: Die Ausgangspunkte für ein Gespräch können
sehr unterschiedlich sein. Das macht den Gesprächsverlauf bisweilen unberechenbar. Es kann zu unnötigen Mißverständnissen
und Kontroversen kommen, wenn jeder Gesprächspartner einfach redet, ohne sich darum zu kümmern, wo der andere steht.
Oder es kommt gar kein Gespräch zustande, weil beide Scheu
voreinander haben, Kontaktangst vor dem unbekannten Gegenüber.

Die Situation: Bei einer Abendveranstaltung ergibt es sich,
daß Frau Keller, Elternbeirätin und alleinerziehende Mutter,
neben dem stadtbekannten Bankdirektor sitzt. Worüber könnte
man sprechen, wenn keine gemeinsamen Interessen bekannt
sind? Was könnte ihn schon beschäftigten außer Geld und

Erfolg? So mag sie denken, während er sich andererseits fragt, ob sie noch andere Interessen außer Kind und Schule hat... Was könnte alles falsch laufen, wenn die Kommunikation auf unbegründete Vermutungen oder gar auf Angst aufgebaut würde!

Die Lösung: Sie liegt nicht in einer bestimmten Technik, sondern in einem Geheimnis. Ich kann den anderen nur verstehen lernen, wenn ich versuche, die Dinge von seinem Blickwinkel aus zu betrachten. Das gibt mir eine plastischere Sicht der Dinge und unserem Gespräch eine spürbare Aufwertung.

Das Ergebnis: Der Bankdirektor könnte sich in die aktuellen Fragen der Schule einfragen, die Diskussionen zwischen Lehrern und Elternbeirat – aus dem Blickwinkel von Frau Keller. Doch sie soll sich dabei nicht ausgeforscht, nicht von oben herab behandelt fühlen. Es könnte daher Entspannung bringen, wenn ihr Gesprächspartner ehrlich ein Defizit bei sich signalisiert. Wenn er zu erkennen gibt, daß er bei schulischen Fragen nicht auf dem laufenden ist, aber gern auf den neuesten Stand gebracht wird. Können wir uns die rege Kommunikation vorstellen, die sich nun entwickelt?

Auf der anderen Seite tut Frau Keller gut daran, nicht unnötig alle möglichen kommerziellen Themen aufzutischen, um ihrem Gesprächspartner zu imponieren. Sie kann sich offenherzig einfragen; je ehrlicher, um so besser: »Vom Bankgeschäft verstehe ich nicht viel. Aber es interessiert mich, welche Probleme von Ihnen am meisten Kraft fordern.«

Solche und ähnliche Situationen ergeben sich für jeden immer wieder, so daß ständig neue Lernprozesse möglich werden.

Dazu noch einige **Anregungen und Fragen:**

- Es ist ratsam, den Gesprächspartner und seinen Blickwinkel erst ein wenig kennenzulernen, bevor bestimmte Sachfragen angeschnitten werden. Wie wollen Sie ihn dazu anregen? Wie würden Sie sich mitteilen?
- Bestimmte Ausdrücke können ganz unterschiedliche Assoziationen hervorrufen, je nachdem, wo der einzelne steht.

Welche Gedanken kommen bei den folgenden Formulierungen auf? »Haltung eines Lehrers«, »beamtenhaftes Denken«, »verkaufstechnisches Vorgehen«, »frommes Reden«, »Worte eines Politikers«, »Motive eines Geschäftsmannes«.

- An was denken Sie, wenn Sie das Wort »Christentum« hören?

  Eine interessante Frage, geeignet für einen anregenden Gesprächseinstieg und einen ergiebigen Gesprächsverlauf.

- Manchmal hört der Gesprächspartner etwas anderes als das, was wirklich gesagt wurde, weil die Sache aus seinem Blickwinkel anders aussieht. Wie können Sie dieses Mißverständnis vermeiden?

- In einem kritischen oder kontroversen Dialog kann es eine positive Wende geben, wenn versucht wird, den Opponenten von seinem Blickwinkel aus zu verstehen. Dies zeigt Jesus gegenüber einem sturen Vertreter des religiösen Establishments (Lk 10,25–28). Er holt ihn bei dem ab, was er weiß und denkt (10,26) und erweist ihm sogar Respekt, indem er den ersten Teil des Dialogs mit der positiven Aussage beschließt: »Du hast recht mit deiner Antwort«.

Dies ist der Schlüssel, wie in der anonymen Massengesellschaft persönliche Kommunikation möglich wird: Sie können den Lebenskreis des anderen erschließen, wenn Sie anfangen, die Dinge aus seinem Blickwinkel heraus zu betrachten. Und dies ist der Schlüssel, wie sich jeder von uns am liebsten behandeln und – gewinnen läßt.

Es gilt:

EIN DIALOG GEWINNT AN SUBSTANZ, WENN JEDER VERSUCHT, DAS PROBLEM VOM BLICKWINKEL DES PARTNERS AUS ZU BETRACHTEN.

4. Wie kann ich wissen, was...?

Wie kann ich wissen, was ich antworten soll? Die Menschen sind so verschieden, und die Situationen, in denen sie sich begegnen, auch.

In unserer schnellebigen Gesellschaft fühlen wir uns überall zu Antworten herausgefordert. Eben noch haben wir die Tagesereignisse auf uns einwirken lassen und versucht, Stellung zu beziehen – da sind sie schon Vergangenheit – und unsere Antworten sind veraltet.

In der persönlichen Kommunikation stehen wir zuweilen auch unter Druck und meinen, auf alle möglichen Fragen Antworten geben zu müssen. Dann stoßen wir – wenn wir so ehrlich sind, dies einzugestehen – an unsere Grenzen. Wie sollen wir antworten, wenn sehr schwierige Fragen gestellt werden?

Könnte es nicht ein glaubwürdiger Ausweg sein, öfter mal einzugestehen, daß wir eine Antwort noch nicht haben oder noch nicht geben wollen?

Denn Antworten helfen nicht immer in dem Maße weiter, wie erwartet wird. Antworten können auch blockieren, vor allem vorschnelle, glatte, selbstsicher vorgetragene Antworten.

Es gibt noch einen weiteren Aspekt: Manchmal sehen wir uns veranlaßt, Antworten auf Fragen zu geben, die gar nicht gefragt wurden ....

Aber wie kann ich wissen, was der andere will, wo er Fragen hat? *Nur, indem ich ihn frage.*

Wenn ich damit anfange, merke ich, daß ehrliches Fragen ein Türöffner für eine natürliche, offene Art zu sprechen ist.

Wie ergründe ich, wie mein Gegenüber denkt? Wie komme ich dahinter, von welchem Ausgangspunkt er herkommt und welche Zukunftserwartungen er hat? Eben nur dadurch, daß ich ihn frage – und daß ich ihm in meinen Fragen echtes Interesse entgegenbringe.

Ein guter Arzt fragt sich in seinen Patienten ein, bevor er seine Ratschläge gibt. Der einfühlsame Pädagoge nimmt Anteil am

21

Denken und Fühlen des jungen Menschen, bevor er neue Ziele aufzeigt.

»Wer fragt, ehrlich fragt, öffnet sich – und damit oft auch seine Mitmenschen«.

Dies gilt zunächst für einfache, alltägliche Begegnungen. In einem guten Restaurant ist es mitunter ratsam, den Kellner vor der Menüwahl um Rat zu fragen. Er wird dann viel mehr bemüht sein, den Gast zufriedenzustellen, als wenn er ungefragt die Bestellung entgegennehmen muß.

Wenn ich mit dem Auto in einer fremden Stadt bin und Mühe habe, mich zurechtzufinden, muß ich zuweilen fragen. Wenn es freundlich geschieht, und wenn ich meine Hilfsbedürftigkeit erkennen lasse, kann ich als Nebenprodukt einen zusätzlichen Vorteil erfahren – ich erlebe fast immer freundliche Menschen. Vielleicht sind darunter auch Menschen »mit Haken und Ösen«; aber wenn ich sie um eine Auskunft oder um einen Rat bitte, erlebe ich gewissermaßen ihre Sonnenseite.

Wie aber können wir bei anspruchsvolleren Themen wissen, wie der Gesprächspartner denkt? Sollten wir ihn in ähnlicher Weise fragen? Beim Thema »Religion« ist besondere Rücksichtnahme geboten. Wieso? Weil sich die Menschen heute wohl auf kaum einem anderen Gebiet so unsicher fühlen wie hier.

- Wer sich zu den regelmäßigen Kirchgängern zählt, etwa fünf Prozent unserer Bevölkerung, der neigt gewöhnlich dazu, seinen religiösen Besitzstand als Meßlatte für andere und ihr Verhalten anzusehen.
- Wer zur Mehrheit der 95 Prozent gehört, die auf regelmäßigen Kontakt zur Kirche keinen Wert mehr legen, der fühlt sich durch Erinnerung an das leidige Thema Religion eher irritiert oder gar peinlich berührt.

Was kann aus dieser Beobachtung geschlossen werden?
Solange wir das Thema »Religion« im institutionellen Sinn ansprechen, mit Betonung auf Moral, Dogmen und Tradition,

müssen wir uns nicht wundern, wenn Menschen damit unangenehme Assoziationen verbinden und blockieren, inneren Widerstand leisten. Würde ich denn anders reagieren, wenn ich an ihrer Stelle wäre, mit ihrem ganz anderen Erfahrungshorizont?

Es gibt auch eine andere Sicht des Themas – nicht im institutionellen, sondern *im persönlichen Sinn: Wie denkt der andere über Gott?* Ist er bereit, die großen Fragen anzudenken, die der Schöpfer in unser Leben hineingelegt hat, die Geheimnisse auszuloten, die in Christus verkörpert sind?

Das ist ein wesentlicher Unterschied. *Die Frage nach Gott wirft die Frage nach meiner Beziehung zu ihm auf.* Sie ist für die meisten aufwühlend, wenn sie entsprechend ernsthaft angedacht wird. Die religiöse Frage dagegen ist für die meisten zunächst eine kalte Frage institutioneller Art, die man sich gern vom Leibe hält.

Es war eine spannungsgeladene Situation, ein Zusammentreffen ungewöhnlicher Ereignisse, damals am See Genezareth. Tausende von Neugierigen hatten ein beispielloses Wunder erlebt, nicht nur gesehen, buchstäblich am eigenen Leib erfahren. Aber innerhalb des Klerus gab es wachsenden Widerstand gegen den Mann, der sich derart durch übermenschliche Vollmacht auswies. Jesus erlebte beides, Bewunderung und Haß.

Mitten in dieser hochexplosiven Stimmungslage hält Jesus eine Art Klausur im kleinen Kreis seiner Getreuen. Was ist seine Antwort auf die erlebten Herausforderungen?

Jesus bearbeitet die Menschen nicht. Er traktiert sie nicht mit Argumenten. *Er fragt, wie die Menschen denken.*

Anschließend fragt er seine Jünger, wie sie über ihn denken. Jetzt ist der Zeitpunkt gekommen, Stellung zu nehmen. Simon Petrus bekennt, vom Meister durch einfühlendes, abholendes Fragen vorbereitet: »Du bist Christus, des lebendigen Gottes Sohn!« (Matthäus 16,16)

Haben wir ein Gespür dafür, wie sehr dieses Bekenntnis aus dem Rahmen des Üblichen fällt? Es ist nicht angelernt, wie ein Dogma auswendig gelernt wird. Es ist nicht ein Phantasiegebilde oder etwas Erdichtetes, es sind keine »ausgeklügelten Mythen«, wie Petrus später betont (2. Petrus 1,16). Hier ist Offenbarung: Gott legt etwas offen. Beachten wir die Erklärung von Jesus (Matthäus 16,17):

Ist dies nicht das Geheimnis göttlicher Offenbarung, daß Gott selbst antwortet, wenn wir ihn suchen, ihn kennenlernen wollen?

Übungen zur praktischen Umsetzung:

Situation 1: Am Rande einer kirchlichen Veranstaltung fragt Sie jemand, welche Glaubensrichtung Sie vertreten.

- Wie antworten Sie?
- Wie hat Jesus in einer ähnlichen Situation (Lukas 10,25–28) geantwortet?
- Wie läßt sich dies auf unsere Verhältnisse übertragen? Wir sollen den Gesprächspartner nicht auf unsere Aussagen fixieren, sondern neugierig machen auf die Primärquelle, die Bibel.

Situation 2: Jemand hat einen flüchtigen Kontakt zu Ihnen. Vielleicht ist es nur ein kurzes Gespräch auf einer Reise oder im Wartezimmer des Arztes. Sie haben das Gefühl, der andere könnte wohl für ein Wort des Glaubens aufgeschlossen sein. Aber wie...?

- Wie handelt Jesus in einer vergleichbaren Lage? Jesus – mitten in der Masse (Markus 5,24–34). Er beachtet nicht das Gedränge, wohl aber den fast unmerklichen Kontakt eines Menschen, der etwas von ihm erwartet. Er fragt: »Wer hat meine Kleider berührt?« Was wurde durch diese Frage ausgelöst?
- Wie könnten Sie in Ihrer Situation das Interesse des Gesprächspartners fragend wecken?

Situation 3: Auf dem Weg nach Emmaus begegnet Jesus zwei Menschen, denen eine wichtige Information fehlt und die deshalb der Verzweiflung nahe sind (Lukas 24,13–32).

Wie hätten wir ihnen gegenüber reagiert? Und weshalb gibt sich Jesus zunächst fragend, statt sofort die Spannung zu lösen? Was lernen wir daraus für unsere Gespräche?

Die Konsequenz heißt:

> GUTES FRAGEN ERSCHLIESST GUTES REDEN.
> WIR SOLLTEN NICHT ANTWORTEN GEBEN
> AUF FRAGEN,
> DIE NICHT GESTELLT WURDEN!

5. Überwindung von Gesprächsblockaden

Das Problem: Ein Gespräch endet da, wo einer der beiden Beteiligten nicht gesprächsbereit ist. Es ist zwar möglich, daß trotzdem weitergeredet wird. Dann ist es ein »Gerede«, aber kein wirkliches Gespräch, das gemäß der Wortbedeutung immer zwei oder mehr aktiv Beteiligte voraussetzt.

Situation 1: Der Versicherungs-Vertreter kam immer wieder, unermüdlich. Er hatte sich eine Abfuhr nach der anderen geholt. Seine Ausdauer schien unbegrenzt. Besonders dann, als er nach dem fünften oder sechsten Besuch desselben Ehepaares den Grund erfuhr, warum sie von dem Versicherungsangebot keinen Gebrauch machen wollten. Seine Reaktion – beim Verlassen des Hauses still vor sich hinmurmelnd: »Ich habe mir nun einmal vorgenommen, hier einen Abschluß zu machen. Ich werde nicht aufhören, bis der Erfolg da ist.« Einerseits fast bewundernswert, diese Ausdauer, aber doch fehl am Platz, weil die Gesprächspartner nur Objekt seiner Ziele, jedoch nicht in ein wirkliches

Gespräch einbezogen waren. Das war einseitiger, aufdringlicher Beeinflussungsversuch. Diese Art der Manipulation ist schon deshalb selten, weil die Erfolglosigkeit dieses Vorgehens eine Kurskorrektur nahelegt.

Situation 2: Er rief mich vom Arbeitsplatz aus an, ganz beglückt. Er habe so viel mit dem Glauben erlebt und müsse das jetzt einfach spontan bezeugen. Im Hintergrund waren die Arbeitsgeräusche der Kollegen hörbar. »Sind Sie nicht allein?«, fragte ich. »Nein, hier sind lauter nette Menschen, denen muß ich einfach immer wieder erzählen, was für Wunder ich erlebt habe. Ihnen will ich es jetzt auch weitergeben, damit Sie dadurch Zuspruch bekommen.«

Ich empfand keinen Zuspruch, sondern Beklommenheit. Wieso fragt er nicht, in welcher Situation ich mich befinde, ob ich Zuspruch brauche, oder ob mir die Zeit auf den Nägeln brennt. Wieso fühlt er sich nicht in die Empfindungen seiner Arbeitskollegen ein, sondern traktiert sie einseitig mit seinen subjektiven Erfahrungen? Dieses Erlebnis geschieht – in ähnlicher Form – häufiger als vermutet wird, weil religiöses Sendungsbewußtsein zuweilen keine Kurskorrektur kennt, nicht durch Mißerfolge und oft auch nicht durch die Disziplin, die das Wort Gottes vermittelt.

Wodurch wird Kommunikation blockiert? Sie wird durch das blockiert, was nicht Gespräch ist, was Gespräch zerstört.

Gespräch ist nicht ...

– **Argumentation.** Argumente sind geeignet, um auf der Sachebene ein Problem besser durchdenken zu können. Für das echte Gespräch, das sich nur auf der persönlichen Ebene entfalten kann, sind Argumente störend, bedeuten Blokkade.

Wie kommt es, daß manchmal auch unter Christen eine Neigung zum Argumentieren festzustellen ist?

Wenn Jesus Argumente brachte – und das waren geschliffene Argumente – dann geschah dies in Auseinandersetzungen mit den Vertretern der religiösen Establishments, die von vornherein gegen ihn eingestellt waren (Johannes 5,39–40 und 6,41–64). Auf der anderen Seite aber konnte er so unsagbar einfühlsam im Gespräch mit Suchenden sein (Johannes 5,1–9 und 6,1–21).

– **Diskussion.** Darunter soll ein Meinungsaustausch auf der Sachebene verstanden werden. Die Diskussion hat gemäß ihrer ursprünglichen Wortbedeutung (lat. discutere = zerteilen, auseinandertreiben, zertrümmern) tatsächlich die Tendenz, die Diskussionsteilnehmer eher auseinanderzutreiben, als zusammenzuführen. Insofern fördert sie nicht die persönliche Beziehungsebene, sondern gefährdet sie. Die Diskussion fördert nicht das Gemeinsame, sondern sie verstärkt die Gegensätze, schafft Polarisierung.

Muß das sein? Nun, so kennt man Fernsehdiskussionen und politische Diskussionen, so werden sie auch geschätzt – von den unbeteiligten Zuhörern, für sie mag es in der Regel eine gedankliche Hilfestellung sein. Aber die unmittelbar Beteiligten, sie stehen unter dem Erwartungsdruck, recht behalten zu müssen, selbst wenn sie von den Argumenten der Gegenseite überzeugt sein sollten. Oder kennen Sie Fernseh-Diskussionen, bei denen ein Beteiligter einräumt, er habe die schwächeren Argumente und schließe sich der Überzeugung der Gegenseite an?

Nicht selten wird die Kommunikation durch den üblichen Stil der Diskussion blockiert. So ist es weithin ein vergebliches Bemühen, sich unter diesem Vorzeichen mit dem Wort Gottes zu befassen. Die Offenbarung, die Gott in Christus wirkt, setzt Offenheit beim Hörer voraus. Das Beharren auf dem Status quo blockiert jede echte Kommunikation gegenüber Menschen wie gegenüber Gott.

– **Manipulation.** Sie kann als gezielte Beeinflussung definiert werden. In der Regel geschieht sie ohne bewußte Einwilligung des Betroffenen, der nur als Objekt für die Zwecke des Manipulierenden dient. So bedeutet Manipulation Störung, Blockade für jedes echte Gespräch.

Deshalb muß es für alle echten Glaubensgespräche selbstverständlich sein, daß Abstand genommen wird von jeder noch so harmlos anmutenden, einseitigen Einflußnahme auf den anderen, ohne daß dieser freiwillig zustimmt.

Nachdem wir drei Formen der Beeinflussung betrachtet haben, die das persönliche Gespräch blockieren, soll weiter gefragt werden, durch welche *Einstellungen* das Gespräch beeinträchtigt wird.

Ein Gespräch wird beeinträchtigt durch ...

– *Egoistische Interessen.*
– *Zu ausgeprägte Absichten.* Etwa wenn der Wunsch besteht, jemanden um jeden Preis zu einem vermeintlich guten Ziel zu führen.
– *Einschränkung der Freiheit.* Darunter fällt jede Einflußnahme, die nicht Rücksicht nimmt, ob der andere will oder nicht.

Wie sollen wir uns verhalten, wenn das Gespräch an Grenzen stößt?

Wenn der andere nicht will...

– Dann ist es wichtig, daß wir uns realistisch damit abfinden.
– Wir sollten ihn auch innerlich loslassen, nicht an uns binden.
– Schließlich ist ein guter, freundlicher Abschluß des Gesprächs erstrebenswert, damit unter veränderten Bedingungen ein erneuter Gesprächsbeginn möglich wird.

Ein Beispiel souveräner Gesprächsführung (Lukas 7,36–50)

- Ungünstige atmosphärische Bedingungen (7,39) – wie reagiert Jesus? (7,40)
- Beachten Sie die Geduld von Jesus (7,41–42) und das Bemühen, seinen Kritiker zu gewinnen. Neugier wird geweckt.
- Er schenkt seinem Kritiker Verständnis: »Du hast recht geurteilt« (7,43 b) und bringt dann erst die notwendige Korrektur.
- Mit besonderer Anteilnahme wendet er sich der vielfach mißachteten Frau zu (7,48). Vergebung wird geschenkt. Glaube wird ihr nicht abgefordert, sondern zugesprochen (7,50); mit dem Friedensgruß des Gottessohnes geht sie heimwärts – zum ersten Mal fühlt sie sich verstanden, angenommen und frei.

Was wir festhalten wollen:

**RECHT HABEN BLOCKIERT DAS GESPRÄCH,
RECHT GEBEN BEFREIT, BEFLÜGELT ES.**

6. Gemeinsame Schritte

Ein gutes Gespräch ist einer Wanderung vergleichbar, bei der zwei Menschen für eine kurze Zeit den gleichen Weg gehen und den gleichen Rhythmus halten – die Gemeinsamkeit ihrer Schritte.

Darin liegt der Reiz der Gemeinsamkeit, beim Wandern und beim Sprechen: Die Gemeinsamkeit vermag Anregung und Ermutigung zu geben.

- Wir brauchen uns nicht aneinander zu messen, »wer kann es besser?« Wenn einer besser, deutlich besser ist, kann dies die Gemeinsamkeit beeinträchtigen. Was bedeutet dies für unser Sprechen?

- Es ist nicht ratsam, den anderen spüren zu lassen, wie weit man ihm voraus ist. Der Eindruck »Ich weiß etwas, was du nicht weißt« – ist eher lähmend als anfeuernd.
- Jeder soll Gelegenheit haben, auf seine Weise eigene Entdeckungen zu machen. Wenn einer nur passiv empfängt, ohne sich aktiv beteiligen zu können, dann fühlt er sich belehrt und angepredigt, selbst wenn sein Partner dies nicht beabsichtigt.
- Wenn einer schon am Ziel ist und der andere noch unterwegs, dann ist dies frustrierend. Aber der erste könnte ja wieder zum zweiten zurückkehren, um dann mit ihm weiterzugehen – das wäre ermutigend. Wie kann dies gesprächsweise geschehen, ohne »mildtätig« zu erscheinen?

Vorbild: Jesus spricht mit der Samariterin (Johannes 4)

a) Der sozial schwächeren Person schenkt Jesus Beachtung, indem er von ihr etwas annimmt, sich von ihr beschenken läßt (4,7–9). Was bedeutet dies praktisch für Ihre Gespräche?

b) Er belehrt sie nicht einseitig, vielmehr gibt er ihr Gelegenheit zum Staunen (4,9.11) und zum Eingeständnis ihrer Not (4,11). Wichtiges darf sie selbst entdecken (4,19).

c) Durch welche Aussagen gibt Jesus dem Gespräch eine Wende vom Alltäglichen zum Wesentlichen?

d) Jesus läßt das Gespräch nicht im Traditionellen erstarren (4,12), er bringt sich persönlich ein (4,14) und nimmt einfühlsam Rücksicht auf den begrenzten Erfahrungshorizont seines Gegenübers (4,13–4,15). Wie ist dies für unsere Kontakte umsetzbar?

e) Die Frau sieht nur die Lösung eines Sachproblems (4,15), sie scheut die persönliche Offenheit. Jesus hilft ihr dazu (4,16). Hier können wir von Jesus lernen, Persönliches auszusagen, ohne verletzend oder anbiedernd zu werden.

f) Als die Frau ihre ungeordneten Verhältnisse zugibt (4,17), stößt Jesus nicht in die Wunde, sondern er zollt ihrem Eingeständnis sogar doppelte Anerkennung (4,17.18). Wörtlich: »Gut hast du gesprochen, ... wahrhaftig hast du gesprochen«.

Ergebnis: Sie muß sich nicht verteidigen, sondern erfährt eine erste geistliche Erkenntnis.

Was bedeutet dies für uns? Auch wir haben beim Sprechen Gelegenheit, unserem Partner Anerkennung zukommen zu lassen. Beides liegt in unserer Hand: Ob wir das Negative in ihm bestärken (leider geschieht dies nicht selten) oder das Positive motivierend anerkennen.

Wenn wir den ganzen Gesprächsverlauf weiterverfolgen bis zum Abschluß (4,26), so wird deutlich, wie einfühlsam, wie ermutigend und fruchtbar diese gemeinsamen Gesprächsschritte sind.

Wenn der Gesprächspartner etwas noch nicht weiß...
    will ich – fragend – neu mit ihm entdecken.

Wenn er blockiert...
    will ich versuchen, seine Neugier zu wecken.

Wenn er ermüdet...
    will ich ihn ermutigen.

Wenn er sich in Zweifel und Skepsis verliert (Johannes 4,12)...
    dann entscheidet es sich, ob ich Gebetsverbindung mit meinem Herrn habe, so daß die Dimension seiner Ewigkeit ins Blickfeld kommt (Johannes 4,14).

Was lernen wir daraus? _ _ _ _ _ _ _ _ _ _ _ _ _ _ _ _ _ _
_ _
_ _
_ _

Gemeinsame Schritte im Gespräch bedeuten:

Gemeinsames Fragen – nicht: der eine fragt, der andere antwortet.

Gemeinsames Erkennen – nicht: einer weiß, ein anderer lernt von ihm.

Gemeinsames Weitergehen – nicht: der andere schreitet voran – und ich bin schon am Ziel...

Wir können zusammenfassen:

**EIN GUTES GESPRÄCH BESTEHT
AUS GEMEINSAMEN SCHRITTEN –
NICHT AUS EINEM, DER VOR-DENKT,
UND EINEM, DER NACH-DENKT.**

7. Wegweisendes Sprechen – wie?

Das Problem. Darf ein Gespräch zielgerichtet sein, oder wird es dadurch vorprogrammiert, schematisch, steril? Können wir uns für ein Glaubensgespräch vorbereiten, oder muß es sich spontan ergeben?

Die Situation. Lange schon waren die Terminmöglichkeiten abgestimmt, jetzt endlich war es soweit. Die kleine Abendeinladung bei der Industriellenfamilie konnte stattfinden. Meine Frau und ich fühlten uns entspannt, es gab keine Verpflichtungen, kein Programm. Das Gespräch entwickelte sich zwanglos und mit einer gewissen Harmonie. Der Beruf wurde ausgeklammert, Politik bestimmte die Gespräche, auch die verschiedenen Hobbies und schließlich auch die Urlaubsreisen.

Es war schon fast Mitternacht, als die Gastgeberin meinte: »Wir haben schon so viel von der Welt gesehen. Aber unser Appetit, Neues zu erleben, wird immer größer.« Fast unmerklich lag etwas in ihrer Stimme, was mehr war als nur eine Urlaubsaussage. Einer wollte etwas Banales, Witzelndes dazufügen, aber meine Frau fragte zurück, ob wir noch ein wenig hören dürften. »Was empfinden Sie bei Ihrem Wunsch, Neues zu erleben?« Dann suchte sich das Gespräch einen neuen Weg. Es ging um das Fernweh und um das seltsame Geheimnis, daß wir, wenn wir ehrlich sind, eine Sehnsucht in uns tragen, die nie erfüllt werden kann – nicht im Erfolg, auch nicht im Glück, auch nicht in der Liebe... Nie Erfüllung – wirklich, stimmt das? »Eigentlich sind wir heute nacht ungewöhnlich offen«, sagte ich und sprach davon, daß es zum Heulen wäre, wenn Gott, der uns geschaffen hat, uns hier allein ließe, mitten in einer kalten Welt ohne Hoffnung. Aber er hat uns einen Schlüssel gegeben, wie das Geheimnis der Sehnsucht gelöst werden kann... Dann wurde gefragt, und wir sprachen von dem Schlüssel für ein erfülltes Leben – von Jesus.

Am nächsten Tag dankte ich den Gastgebern telefonisch für den harmonischen Abend. Für sie sei es ein ganz besonderes Erlebnis gewesen, meinte er. »Wir haben da auf einmal über Dinge gesprochen, über die man sonst nie spricht. Nie, obwohl der Gedanke an den Tod, an Leben und Gott uns in mancher wachen Nachtstunde kalt erwischt… Und wissen Sie, was mich so beeindruckt hat? Keiner von uns hat das Gespräch über Gott forciert, keiner hat es übers Knie gebrochen, es hat sich so ergeben…

Stimmt das – es hat sich so ergeben? Meine Frau und ich waren doch den ganzen Abend darauf ausgerichtet, mit Gedanken und stillen Gebeten, wie es wohl zu einem guten Gespräch kommen könnte – über die konventionelle Konversation hinaus. Der Gedanke ließ uns nicht los, wie wohl Gott in seiner Liebe über diese Menschen denkt und wie er hier zu Wort kommen könnte.

Die Lösung: Was die Gastgeber empfanden, ist bemerkenswert. Aus ihrem Blickwinkel war es hilfreich, daß niemand Antworten forciert hat, bevor sie gefragt waren. Wer sucht, will keine vorprogrammierte Antwort. Wer die innere Leere spürt und sich für eine neue Sinnfindung öffnet, der ist sich seiner Sehnsucht oft gar nicht richtig bewußt. Da ist einfach die Empfindung: es fehlt noch etwas…

Immer wieder wird erlebt: Der Suchende will nicht mit unseren Erfahrungen und Erklärungen abgespeist werden. Er will eigene Erfahrungen gewinnen. Er braucht Ermutigung in seinen übervorsichtigen Schritten, Gott kennenzulernen. Und er braucht zunehmend Information. Nicht von mir vorgefertigte, sondern durch eigenes Bibelstudium gewonnene Information.

Praktische Auswertung: Heute gibt es einen wachsenden *Bedarf an Seminaren*, die in zwangloser Weise, maßgeschneidert für den jeweiligen Teilnehmerkreis, eine *Einführung in das Quellenstudium der Bibel* bieten. Das wegweisende Thema für diese – immer häufiger stattfindenden – Seminare heißt: *«Wer ist Jesus Christus?»*

Nach einem solchen Kurzseminar ist die *Fortsetzung des persönlichen Gesprächs* wieder unerläßlich.

Nur wenn wir zielgerichtet auf Gott und seinen Willen blicken, wenn wir seine Zielsetzungen, seine Verheißungen wichtig nehmen, kann sich zwischen unseren Mitmenschen und uns ein Gespräch entfalten, bei dem nicht nur Worte ausgetauscht werden, sondern alles Unwichtige zurücktritt, Beruf, Erfolg, Ehre und selbst der unmittelbare Gesprächspartner. Und etwas ganz Neues geschieht: *Gott selbst kommt zu Wort.*

Der Reformator Johann Calvin schrieb an einen Kranken, der einen großen Namen hatte: »Euer Gnaden wissen, wie schwer es ist, zwischen den Ehrenbezeigungen, den Reichtümern und weltlichen Mächten sein Ohr Gott zu leihen... Gott wollte Sie abseits führen, damit Sie besser auf ihn hören können... Er hat Ihnen diese günstige Gelegenheit gegeben, aus seiner Schule Nutzen zu ziehen, wie wenn er Ihnen persönlich etwas ins Ohr sagen wollte.« (Paul Tournier, Jeder Tag ist ein Abenteuer)

THESEN:
1. Auf der Ebene unserer zwischenmenschlichen Beziehungen gibt es heute unbegrenzte Möglichkeiten, die Frage nach dem Sinn unseres Lebens, die Frage nach Gott anzusprechen.

   Hier können wir Initiative zeigen, können Wegweisung geben, wenn wir uns vorher im engen Kontakt mit unserem Auftraggeber, Jesus, vorbereiten.
2. Wichtig ist hierbei: Nicht abgleiten in die kalte Sach-Diskussion, nicht dozieren, noch nicht einmal informieren!

   Vielmehr kommt es darauf an, das latent (verborgen) vorhandene Fragen zu fördern. Es ist schließlich von Gott eingegeben (Prediger 3,11). Solange mein Gegenüber zu Wort kommen will, sollte ich ihm nicht vorwitzig mit meinen Antworten ins Wort fallen. Neugier wecken, nicht Neugier mit Argumenten beantworten – und erschlagen.
3. Wer sich für ein Gespräch gut vorbereitet, kann auch spontan sein. Wer sich nicht vorbereitet, fühlt sich vielleicht

spontan, aber er reagiert sehr viel unflexibler seine Denkge-
wohnheiten und Emotionen ab, ohne wirklich auf die
Belange seines Gegenübers einzugehen.

4. Jeder von uns braucht zu gewissen Zeiten Wegweisung, eine
   Vertrauensperson, die uns hilft, die Gedanken auf das
   Wesentliche zu lenken. Wo sind die Menschen, die sich dazu
   rufen und sich dafür qualifizieren lassen?

Hier ist das Eingeständnis eines Menschen, der einen außerge-
wöhnlichen Weg der Selbsterkenntnis und Gotteserkenntnis
ging. Ihm wurde klar, daß er sich »in einem Spinnennetz selt-
samer Widersprüche verfangen hatte... Ich jammerte über die
Last der Korrespondenz, aber ein leerer Briefkasten machte mich
trübsinnig. Ich murrte über die ermüdenden Vortragsreisen, aber
ich empfand tiefe Enttäuschung, wenn keine Einladungen
kamen. Ich schwärmte voller Heimweh von einem leeren
Schreibtisch und fürchtete zugleich den Tag, an dem mein
Schreibtisch tatsächlich einmal leer sein würde. Kurz: ich war
voller Sehnsucht nach dem Alleinsein und hatte zugleich doch
Angst davor, allein gelassen zu werden... Ich erkannte, daß es für
mich immer dringlicher wurde, Abstand zu gewinnen, aber ich
wußte zugleich, daß ich das niemals allein fertigbringen würde.
Anscheinend braucht man für seine lebenswichtigen Entscheidungen und grundlegenden Erfahrungen einen Führer. Den Weg
zu ›Gott allein‹ geht ein Mensch selten allein.« (Henri I.M.
Nouwen)

Zusammenfassung:

WER GUT VORBEREITET IST,
KANN SPONTAN SEIN.
WER GEISTLICH SPONTAN SEIN WILL,
MUSS GEISTLICH GUT VORBEREITET SEIN.

III. Den anderen verstehen – wie?

Im vorigen Kapitel haben wir die Voraussetzungen besprochen, die erfüllt sein sollten, um gute Gespräche führen zu können. Wir haben zunächst die formalen Bedingungen zu klären versucht: Wie wichtig das Zuhören ist, wie wir uns auf der gleichen Ebene begegnen sollten, wir wir vom Blickwinkel des Partners neue Einsichten bekommen, wie gutes Fragen das Gespräch belebt, wie die Gemeinsamkeit der Schritte und des Zieles die Kommunikation befruchten kann.

Wir wollen nunmehr auf Feinheiten der Kommunikation zu sprechen kommen, die nur dann erlebt werden, wenn die *innere Einstellung* der Beteiligten stimmt. Was ist damit gemeint?

Unsere Gesellschaft ist durch viele unpersönliche Kontakte geprägt. Da sind die Beziehungen von Computer-Sachbearbeitern oder die flüchtigen Kontakte beim Einkauf im Supermarkt, die Begegnungen auf der Straße, das gemeinsame Anhören eines großen Orchesterkonzerts oder gar manche unterkühlte Arzt-Patient-Beziehungen. Diese alltäglichen Kontakte sind normalerweise unterentwickelt an dem, was wir als Grundbedürfnis im zwischenmenschlichen Kontakt empfinden: das Bedürfnis nach Anerkennung, nach Interesse und Anteilnahme.

Die längste Zeit unseres Lebens sind wir mit anderen Menschen in Kontakt; zwar räumlich, doch nicht unbedingt persönlich verbunden. Hier gibt es spürbare Defizite an Kommunikation. Durch stets wechselnde Beziehungen versuchen manche, dem Mangel abzuhelfen, in der Regel jedoch vergeblich. Es bleibt ein starkes Bedürfnis nach Verstehen, nach zwischenmenschlicher Wärme, das nicht durch die Quantität von Kontakten, sondern nur durch die Qualität echter Kommunikation erfüllt wird. Nicht äußere Beteiligung allein, sondern innere Beteiligung der Partner ist hier gefragt.

1. Auf meine Einstellung kommt es an

Jeder hat den Wunsch nach echten persönlichen Beziehungen. Es müssen nicht unbedingt sehr zeitaufwendige, tiefschürfende Beziehungen sein. Aber echt sollen sie sein, nicht von Worten nur, sondern von Interesse geprägt. Deshalb hängt so viel von meiner Einstellung ab: Bringe ich dem anderen Interesse entgegen?

Wie begegne ich ...

- der Kollegin im gleichen Büro, die mir immer noch fremd ist?
- dem kleinen Kind der Nachbarsfamilie?
- dem Ehepaar, das beim Konzert die Plätze neben mir hat?
- der Verkäuferin, die sich bemüht, mich gut zu beraten?

Folgende Aussagen geben dazu Anregung:
Matthäus 5,44 *Feindesliebe* Römer 15,1–3
Markus 10,13–16 *Wie ein Kind sein* Galater 5,14 *Nächstenliebe*
Markus 12,31 *Den Nächsten lieben, wie sich s.* Galater 6,1–3
Römer 13,10   1. Johannes 4,20 *Wie kann man Gott lieben, wenn*

In anschaulicher Weise läßt uns Paul Tournier, der bekannte Schweizer Psychotherapeut, in seinem Buch »Zuhören können« miterleben, was eine echte, persönliche Begegnung bedeuten kann. »Als ich sechzehn Jahre alt war, mußte wohl ein Lehrer gefühlt haben, daß dieser schüchterne Junge ein wenig Hilfe nötig hätte, und er tat etwas ganz Ungewöhnliches; er lud mich zu sich nach Hause ein. Das war meine erste Begegnung. Ich betrat sehr verlegen und eingeschüchtert sein Studierzimmer, dessen Wände ganz mit Büchern bedeckt waren, und wußte nicht, was sagen. Später dachte ich mir, daß mein Lehrer wahrscheinlich auch nicht wußte, was er sagen sollte. Aber er tat für mich etwas Grundlegendes: Er hat mir das Gefühl gegeben zu existieren. Ich war nicht mehr nur ein Schüler vor seinem Lehrer, sondern es standen sich zwei Personen gegenüber. Gewöhnlich spielt jeder im Leben eine Rolle, und das schafft funktionelle Beziehungen. Persönliche Beziehung nenne ich, wenn man sich nicht als Schüler und Lehrer gegenübersteht, sondern als Person.«

Bemerkenswert ist hierbei: *Was* gesprochen wird, ist nicht immer das Entscheidende. *Wie* wir miteinander umgehen, welches Interesse, welche Zuwendung wir dem anderen entgegenbringen, das ist eigentlich viel wichtiger, wenn persönliche Kommunikation gefragt ist und nicht nur Austausch von Daten oder Meinungen.

Wie kann die Kommunikation von Mensch zu Mensch verbessert werden?

Dazu folgende Thesen:

1. Viele unterschiedliche Gruppierungen und Kräfte haben die Verbesserung der zwischenmenschlichen Beziehungen zum Ziel erklärt. Von Führungs-Seminaren über Fortbildungskurse bis zu Volkshochschulen wird heute dem Thema Kommunikation ein hoher Stellenwert eingeräumt.

2. Vom ursprünglichen Anspruch her sollten die Christen Bahnbrecher für echte Kommunikation sein. Wie steht es heute damit? Die Christen beschränken ihre Kommunikation im wesentlichen auf das eigene, streng abgegrenzte Lager der Insider, auf die Gesinnungsgenossen und auf die Empfänger karitativer Wohltaten. Doch die Brücke zum weiten Feld säkularer Menschen hat einen gefährlichen Riß.

3. Die treibende Kraft für die Kommunikation zu Andersdenkenden war und ist der Missionsauftrag von Jesus Christus. Mission bedeutet: Jesus sendet seine Jünger in die Welt, so wie Gott

ihn, Jesus, in die Welt gesandt hat (Johannes 17,18). In jedem Kapitel des vorliegenden Buches kommen wir immer neu ins Staunen, wie menschlich der Sohn Gottes dem einzelnen begegnete. Wie einfühlsam er war, wie er die Menschen auf der Straße verstand und auch die im Hintergrund Verborgenen. Wie er erlebt wurde auf der Ebene der Suchenden, oder besser auf dem Schotterweg derer, die ohne ihn nicht mehr weiter wußten.

4. Für den harten Kern praktizierender Christen ist Mission auch heute eine Aufgabe mit Priorität. Doch meist versteht man darunter unbewußt, zumindest stillschweigend, die Geldgabe, die einen davon befreien soll, sich selbst senden zu lassen. Wer läßt sich in die Welt senden, in den Bereich säkularer Menschen, zu den Andersdenkenden, bevorzugt zu denen, die in Beruf und Nachbarschaft eine gewisse Neugier und einen Funken Vertrauen haben?

5. »Mission« ist jedoch, aus der Sicht der Andersdenkenden, eine bedenkliche Vokabel. Die meisten Nichtchristen sind sich darin einig, daß Mission, wie auch jede missionarische Absicht suspekt, ja gefährlich ist. Man lehnt niemals die echten Motive gelebter Mission ab, jedoch die Absicht, den Mitmenschen belehren, traktieren, verändern zu wollen, dies wird rigoros abgelehnt.

6. Es gibt nur die Lösung, neu von Jesus zu lernen, was Mission in Wirklichkeit bedeutet:

- Mission ohne von Jesus gewirkte Liebe ist fragwürdige Beeinflussung.
- Echte Mission ist Kommunikation auf der Ebene Andersdenkender.
- Sie sucht nicht, das Interesse der anderen vorschnell auf sich und den eigenen Glauben zu lenken, sondern sie beweist zuerst Interesse am anderen und an seinem Anderssein.

– Echte Kommunikation konzentriert sich nicht auf Dinge, auf Plakate und Aufkleber, auch nicht auf Information und Diskussion, sondern auf den Mitmenschen, der für ein anteilnehmendes Gespräch offen ist, und der sich zurückzieht und blockiert, sobald die Absicht der Beeinflussung spürbar wird.

Zusammenfassung:

**DER ANDERE BRAUCHT
MEIN ECHTES INTERESSE,
UM SICH IN MEINER NÄHE
WOHLFÜHLEN ZU KÖNNEN.**

2. Wie sehe ich den anderen?

In unserer Massengesellschaft gibt es einen gewissen Zwang zur Anpassung. Die Neigung zu schematisieren ist groß. Vor allem wird es fragwürdig, wenn Menschen nur noch von ihren sachlichen Funktionen her gesehen werden, nicht mehr in ihren zwischenmenschlichen Beziehungen und auch nicht mehr in ihrem ganz persönlichen Wert.

Das Problem. Um uns in dieser Gesellschaft orientieren zu können, sind wir gezwungen, uns in jeder neuen Situation rasch ein Urteil zu bilden. Das ist zunächst nichts Negatives, doch geht dies oft auf Kosten der Mitmenschen, die voreilig beurteilt, manchmal auch aufgrund unserer unbewußten Vorurteile abgestempelt werden. Unsere Sicht von den Mitmenschen ist vorwiegend kritisch, vereinzelt sogar negativ vorgeprägt. Wie können unter diesen Bedingungen vertrauensvolle persönliche Beziehungen aufgebaut werden?

Situation 1. In der städtischen Behörde tritt ein neuer Sachbearbeiter seinen Dienst an. Er ist deutlich jünger als der bisherige Altersdurchschnitt, forsch, zupackend und voller Laufbahnerwartungen. Ist es nicht naheliegend, daß er von seiner Umgebung kritisch beäugt, vielleicht sogar abgelehnt wird? Wieso eigentlich – was müßte er tun, um dies zu verhindern?

Situation 2. In Ihrer Nachbarschaft ist eine Familie zugezogen, die sich in ihrem Lebensstil von den anderen Nachbarn wesentlich unterscheidet. Er fährt einen teuren Sportwagen. Sie, auffallend mondän, scheint wenig häusliche Qualitäten zu haben. Sonntags zum Beispiel beginnt der Tag für sie erst gegen 11 Uhr. Warum eigentlich nicht? Man kann sich nicht vorstellen, daß sie jemals die Kirche von innen gesehen haben, warum auch?

Wer anfängt, den Lebensstil von Menschen zu vergleichen und zu beurteilen, ist schnell dabei, sich kritisch abzuheben und innerlich abzuschotten. Das darf nicht sein (Matthäus 7,1). Wo liegt die Lösung? _

_ _

Die Analyse. Zunächst ist es notwendig zu erkennen, daß Kritik oft gefährlich ist. Vielleicht wird jemand einwenden: Kritik ist unvermeidlich. Möglicherweise – so »unvermeidlich« wie das Gift unserer Autoabgase. Wir können nicht ganz darauf verzichten, aber es sollten so wenig giftige Abgase wie möglich die Luft belasten. Kritik, auf eine Sache bezogen, mag unumgänglich sein. Kritik – gegen Menschen gerichtet – ist geistige Umweltverschmutzung, ob sie ausgesprochen wird, oder ob sie unausgesprochen die Gedanken und Gefühle bestimmt.

Die Lösung. _Eine Beziehung gewinnt Leben, wenn versucht wird, den anderen positiv zu sehen. Dies ist nicht nur ein theoretischer Gedanke, sondern es ist praktische Lebenserfahrung._

Im Abschiedsbrief an seine Kinder schreibt ein Mann des Widerstands vom 20. Juli 1944, Rechtsanwalt Klaus Bonhoeffer,

Bruder des Theologen Dietrich Bonhoeffer, einiges, was ihm für das Leben seiner Kinder wichtig erscheint. Unter anderem führt er aus:

»Die Menschen, die Euch sonst begegnen, nehmt, wie sie sind. Stoßt Euch nicht gleich an dem, was fremd ist oder Euch mißfällt und schaut auf die guten Seiten. Dann seid Ihr nicht nur gerechter, sondern bewahrt Euch selbst vor Engherzigkeit... So entdeckt man bei den Menschen meist verborgene erfreuliche Seiten, wenn man sich erst einmal in sie hineinversetzt.«[*]

Ist dies nicht auch ein Vermächtnis für uns, wenn diese mutige Persönlichkeit, unmittelbar vor der Hinrichtung durch blindwütige Schergen, diese Sicht vom Menschen vermittelt?

Beispiel: Nathanael, ein Mann der Vorurteile
(Johannes 1,45–51)

Nathanael, geprägt von der Tradition, hatte seine eigene Ansicht über das, was gut und was weniger gut ist. Da kommt Philippus mit frischer Begeisterung: Er hat Jesus aus Nazareth kennengelernt und hält viel von ihm.

Doch bei Nathanael stößt er auf Skepsis: »Was kann aus Nazareth Gutes kommen?«

Die Reaktion ist ungewöhnlich. Philippus argumentiert nicht. Er belehrt ihn nicht, er stellt nicht seine Erfahrung gegen die Zweifel des Skeptikers. Er reagiert viel hilfreicher, einfühlsamer. Er empfiehlt ihm, doch selbst mal Jesus kennenzulernen, um eigene Erfahrungen machen zu können. Ein hervorragender Rat, der auch heute in ähnlichen Situationen nachvollzogen werden kann.

Dann kommt es zur Begegnung mit Jesus. Wie wohl der große Meister dem Mann der negativen Vorurteile begegnet? Jesus

[*] Aus: Walter Heynen, Hrg., Deutsche Briefe des 20. Jahrhunderts, München 1962

spricht ihn an, ganz unerwartet spricht er ihn auf einen positiven Wesenszug in ihm an: Mann ohne Falsch. Jetzt öffnet sich der Skeptiker und fühlt sich verstanden: »Woher kennst du mich?«

Welche praktischen Anregungen können Sie daraus wie auch aus den folgenden Abschnitten entnehmen?

Römer 15,7: _____

_____

Epheser 5,1–2: _____

_____

Philipper 4,7–8: _____

_____

Es ist eine alte Erfahrung:

**KRITIK UND URTEIL
GEFÄHRDEN EINE BEZIEHUNG.
EINE BEZIEHUNG GEWINNT LEBEN,
WENN ICH VERSUCHE,
DEN PARTNER POSITIV ZU SEHEN,
IHN ANZUNEHMEN, WIE ER IST.**   / Matth. 7,12

3. Was will der Gesprächspartner?

Unsere Erwartungen bestimmen in stärkerem Maße unser Leben, als wir vielleicht vermutet haben. Bisweilen redet man munter aneinander vorbei, weil Wünsche und Ziele ganz verschieden sind.

– Ein Ehepaar kommt zu Besuch und erzählt ausgedehnt von seinen Urlaubserlebnissen. Sie haben sich nicht richtig eingefragt, sonst wüßten sie, daß die Besuchten zeitlich auf glühenden Kohlen sitzen und ihnen selbst die Möglichkeit versagt ist, in Urlaub zu fahren.

– Sie machen einen Krankenbesuch in der Klinik und fühlen sich ratlos, was Sie sprechen, wie Sie Mut machen sollen. Wie wäre es, wenn Sie den Patienten fragen, wie er sich fühlt – und daran Anteil nehmen.

– Bei einem Gespräch über den Glauben kommt Ihnen der Gedanke: Ob der Gesprächspartner überhaupt daran interessiert ist? Wenn man doch wüßte, was der andere will! – Warum fragen Sie ihn nicht einfach, wie er darüber denkt? Und wahrscheinlich wird er gerade dies positiv registrieren.

Manches mutmachende Wort kommt nicht an, weil keine volle Aufnahmebereitschaft da ist. Und manches ermahnende Wort erstickt in Vergeblichkeit, einfach weil der andere nicht hören will. Verhärtung ist oft die Folge, wenn wir dies nicht beachten. Wäre es da nicht besser, vorher zu klären, wie der andere denkt, was er will, bevor wir sagen, was wir denken und was wir wollen?

Das Vorbild

Da liegt ein Kranker am Heilbad Bethesda, seit 38 Jahren ein fast hoffnungsloser Fall. Jesus sieht ihn. Er macht nicht viele Worte, er gibt keine Argumente und auch kein Zeugnis. Er holt ihn bei seinen Erwartungen ab. Er fragt: »Willst du gesund werden?« Eine ungewöhnliche Frage, aber diagnostisch wichtig und zugleich außerordentlich einfühlsam. Nach 38 Jahren vergeblichen Wartens auf Heilung ist Hoffnung fern, ist Resignation das Naheliegende. Doch die Antwort des Kranken zeigt, daß er noch hofft, er will. Sein Problem ist: Er hat den richtigen Menschen, zur Hilfe willig und auch bevollmächtigt, noch nicht gefunden: »Ich habe keinen Menschen ...« Nach diesem ehrlichen Eingeständnis ist er offen für den einen, der vor ihm steht und ganz für ihn da ist. Jetzt kann er nicht mehr sagen: Ich habe keinen...

Und Jesus will auch. Noch mehr – in der Begegnung mit ihm erlebt der Kranke ein doppeltes Wunder: Er erlebt Heilung, und er begegnet Gott (Johannes 5,1–9).

Dies kann auch heute geschehen. Aber rechnen wir noch damit?

Allein an diesem Tag werden unzählige Gespräche geführt, die zum größten Teil nicht zielgerichtet, das heißt von beiden Seiten nicht auf das gleiche Ziel ausgerichtet sind, sondern die in ihrem Verlauf eher zufallsbedingt, ziellos hin- und herschwanken.

Wenn wir Rückschau halten und uns fragen, welche Gespräche von bleibendem Wert waren, so sind es eher einzelne wenige, bei denen der Mensch, mit dem wir sprachen, uns noch greifbar vor Augen steht: sein Gesichtsausdruck, sein verstehendes Fragen, seine gütige, warmherzige Stimme.

Ich erinnere mich an eine solche Begegnung mit einem Mann, der ein Christ mit Ausstrahlung war und durch seine Vorträge viel Beachtung fand. Ich war damals 17 Jahre alt und hatte viele Fragen. Von diesem Mann erwartete ich etwas, ich verehrte ihn glühend – aber es gab wenig Gelegenheit, ihn zu sprechen. Er fand bei Tausenden Beachtung, wie sollte ich ihn da mit meinen kleinen Problemen behelligen?

Aber – fast zufällig – mitten im Gewühl der aus dem Versammlungsraum strömenden Menschen höre ich seinen Gruß. Er nimmt mich zur Seite. »Was machen deine Pläne?« Er meint wirklich mich und meine Zukunftswünsche. Er erinnert sich an alles, was ich ihm vor einem Jahr an Fragen vorgetragen hatte. Es gibt ein kurzes, aber erfülltes und wegweisendes Gespräch. Ich hatte bestimmte Fragen und Erwartungen. Und er war offen dafür und konnte hören. Noch Jahrzehnte später denke ich dankbar daran zurück.

Verständnis füreinander kann nur entstehen, wenn Bereitschaft vorhanden ist, auch die unausgesprochenen Erwartungen zu berücksichtigen. Wenn die Mühe nicht gescheut wird, den Mitmenschen anzuhören, seine Gedanken und Wünsche zu erfahren, ohne ihn vorschnell zu etwas bewegen zu wollen, was er möglicherweise gar nicht will.

Das ist der Stil der Kommunikation, den Jesus vorgelebt hat. »Was sucht ihr?« So fragte er die zwei Männer in seiner Nähe, bevor er sie als seine ersten Mitarbeiter gewann. Er wirkte nicht mit starken Worten auf sie ein. Er achtete ihren freien Willen. Er fragte.

Die Antwort ließ erkennen, daß sie nicht aus oberflächlicher Neugier gekommen waren, sondern Erwartungen hatten. Sie waren an ihm, Jesus, ganz persönlich interessiert: wer er war und wie er lebte (Johannes 1,38f.). Ergebnis: Sie blieben bei ihm.

Bevor festgeprägte Überzeugungen ausgetauscht werden, ist die Frage richtungweisend: Welche Erwartungen hat mein Gegenüber, was will er?

Praktische Umsetzung

In den Wechselbeziehungen unseres Lebens können wir uns sehr schnell verrennen. Da preschen wir mit unserem Planen voran – und blockieren den, der uns nahesteht, weil wir nicht zuvor gefragt haben, was ihn bewegt. Was trennt, bleibt oft unausgesprochen; man scheut sich, offen zu sein. Und doch liegt die Lösung oft gerade darin, daß wir die Fragen ansprechen, die uns unklar sind: Was will der andere wirklich? Dieses »Feedback«, diese Rückkopplung, ist gerade da empfehlenswert, wo die gemeinsame Wellenlänge der Kommunikation noch nicht gefunden oder vorübergehend in Frage gestellt ist.

Wie könnten folgende Fallbeispiele gelöst werden?

a) Der heranwachsende Sohn leistet zunehmend gegen alle Vorhaben des Vaters Widerstand. Keiner weiß, warum. Die Fronten verhärten sich.

b) Ein Geburtstagsbrief mit Segenswünschen und Bibelwort wurde abgeschickt. Als der andere nicht reagiert, kommen Bedenken, ob der Empfänger etwa am frommen Inhalt Anstoß genommen hat.

c) Treffen mit Bekannten im Restaurant. – Soll vor dem Essen ein Dankgebet gesprochen werden, wie zu Hause üblich? Sollte es vernehmbar gesprochen oder nur symbolhaft angedeutet werden? Oder sollte besser mit Rücksicht auf die vermutliche Nichtbereitschaft der Freunde ganz darauf verzichtet werden?

Gewöhnlich werden diese und ähnliche Fragen nach dem Maßstab beantwortet, den wir durch Tradition und Erziehung oder durch eigene Überzeugung angenommen haben. Dabei fühlt sich aber der Gesprächspartner nicht gebührend respektiert, möglicherweise überfahren.

Wäre es umgekehrt richtig, sich einseitig dem Geschmack der Gegenseite anzupassen, sich von ihrem Urteil gar abhängig zu machen?

Die Lösung liegt daran, daß wir den anderen fragen: Was erwartet er? Und wie denkt er über meine Wünsche und Erwartungen? Solange nicht beide Seiten offen sind füreinander, wäre es verfrüht, sich allzu vertraulich und offenherzig zu geben.

Da gibt es unbegrenzte Variationen von Fragen, mit denen wir uns gegenseitig abholen können:

- Was halten Sie von …? Was empfinden Sie bei …?
- Wie denken Sie über die Zukunft? Macht Ihnen etwas Sorge?
- Wir haben gute Erfahrungen gemacht mit … Was meinen Sie dazu?
- Ich habe einen Vorschlag, aber ich weiß nicht, wie Sie darüber denken …?

Solche Rückfragen fördern, wenn sie ehrlich vorgebracht werden, in doppelter Weise das Gespräch:

- Der Gesprächspartner erfährt, wie sehr wir sein Denken und Wollen respektieren.
- Wir selber unterwerfen uns einem Test, ob gewisse Dinge, die wir tun, nur eingefleischte Pflichtübungen sind, oder ob wir sie aus Überzeugung und auch mit dem Herzen tun.

Folgerung:

DEN ANDEREN LERNE ICH NUR VERSTEHEN, WENN ICH ERFAHRE, WAS ER WILL.

4. Zuhören – eine aktive Aufgabe

Das Problem. Wann soll geredet, wann soll zugehört werden? Im Einzelfall ist es nicht leicht, erst einmal ein Gespräch in Gang zu bringen. Wenn es dann läuft, kann es schwierig sein, das eigene Mitteilungsbedürfnis zu bändigen und zuzuhören. Dies gilt in beiden Richtungen. Den munter plätschernden Wortschwall eines Vielredners vorsichtig zu kanalisieren, erscheint bisweilen am allerschwierigsten.

Die Situation. Montags bei der betrieblichen Mittagspause:

- »Was haben Sie am Wochenende erlebt?«
- »Wir waren mit den Kindern im neuen Freizeitpark.«
- »Und wir haben einen Besuch in der Schweiz gemacht.«
- »Es ist schon eine tolle Sache, was da alles angeboten wird.«
- »Ja, die Schweiz ist eben doch noch das gelobte Land.«
- »Nein, ich meine das Wildgehege, mein kleiner Stefan hatte seine helle Freude daran.«

- »Nun, die Schweiz ist für mich auch heute noch der Inbegriff von Freiheit und Wohlstand.«
- »Also Wohlstand – den konnte man beim Freizeitpark auch erleben. Schon vor dem Eingang – ich kann Ihnen sagen – eine riesige Fläche parkender Autos. Was da für Karossen standen!«
- »Also, was die Autos betrifft, wir haben auf der Heimfahrt einen Unfall erlebt, das war schrecklich. Da lagen zwei Leute auf dem Asphalt ...«
- »Also die Trockenrutschbahn ist auch schön gefährlich. Sie hat meiner Anja am meisten gefallen. Sie ging ganz mutig ran.«

Ist es eine Karikatur von Dialog? Oder spielen sich nicht zahllose Unterhaltungen nach diesem Muster ab? Wie kann dem abgeholfen werden?

Die Lösung. Der Ansatz für eine Lösung unserer Gesprächsprobleme liegt nicht in erster Linie in einer Verbesserung des Redens, sondern in einer *Stärkung des Zuhörens*.

Dafür ein **Beispiel**: Eine Politikerfamilie feierte ein Jubiläum. Es ergab sich, daß in Vertretung des eingeladenen Ministers dessen Staatssekretär kam, der zunächst auf wenig Gegenliebe stieß. Und doch war die Gastgeberin nach Abschluß der Feier voll des Lobes über ihn, den sie jetzt als »interessante und anregende Persönlichkeit« einschätzte. Was war der Grund? Was hat er Besonderes gemacht, um dieses überraschend positive Urteil zu bewirken? Keine Taktik, keine besondere Rhetorik. Er zeigte Interesse, regte zum Sprechen an und hörte zu.

Er fragte nach den Berufswünschen der heranwachsenden Kinder und nach den Unterschieden ihrer Veranlagung. Er staunte über das Interesse der Tochter an anspruchsvoller Literatur. Er nahm fragend Anteil an den Folgen des Skiunfalls, den der Sohn erlitten hatte. Er wollte gern noch mehr wissen ... Aber entscheidend war die Erfahrung der Gastgeberin: »Ein äußerst angenehmer Unterhalter...« (obwohl er so wenig gesprochen, so viel zugehört hatte). »Am Ende, beim Verabschieden, wußte er noch alle Namen der Kinder«.

Zuhören ist wirklich eine Gabe, aber *eine Gabe, die gelernt werden kann.* Sie ist, wenn sie wirksam sein soll, keine passive Angelegenheit, sondern eine aktive Möglichkeit des Wirkens, eine aktive Aufgabe.

In seinem Buch »Managerkonferenz – Effektives Führungstraining« weist Thomas Gordon darauf hin, daß »jede Person, die in irgendeiner Beziehung die Entwicklung und psychische Gesundheit einer anderen fördern will, zumindest zwei Faktoren einbringen muß: Empathie und Bejahung des anderen.

Empathie ist die Fähigkeit, sich an die Stelle anderer zu versetzen und ihre »persönliche Bedeutungswelt« zu verstehen – wie sie die Wirklichkeit sehen, was sie fühlen. Genau diese Funktionen erfüllt das aktive Zuhören. Es schafft ein Klima, in dem sich eine Person empathisch verstanden fühlen kann. In einem solchen Klima gedeiht die psychische Gesundheit und die persönliche Entwicklung eines Menschen. Nach meiner Überzeugung geschieht das in erster Linie, weil ein solches Klima die Problemlösung erleichtert.«

Empfehlungen:

Zuhören wird dadurch wirksam, daß ich *mich an die Stelle des anderen versetze* und ihn zu verstehen versuche (siehe Kapitel 2.3).

- Aktiv wird das Zuhören dadurch, daß ich *seine Gedanken und Gefühle reflektiere und anteilnehmend zurückfrage.*
- Noch aktiver wird das Zuhören, wenn bei einer Weichenstellung der Unterhaltung versucht wird, *durch Fragen und angemessene Impulse den weiteren Verlauf des Gespräches mit zu beeinflussen* oder gar entscheidend zu prägen.
- Wenn der andere unaufgeschlossen bleibt und nur sich selbst gern reden hört, dürfte das Ende der Unterhaltung ange-

raten sein. Aber auch dann gibt die Einstellung des Zuhörens die Gelegenheit, einen *möglichst freundlichen Abschluß* zu finden.

- Es gibt Verfeinerungen des aktiven Zuhörens und anspruchsvollere Zusammenhänge, die in speziellen Seminaren und in der Literatur vermittelt werden. Aber noch wichtiger als die perfekte Theorie ist die angewandte Praxis. *Gewinnen Sie eigene Erfahrungen!*

- Gesprächseinübung ist wie frisches, belebendes Training, das Ihnen zu besserer Verständigung verhilft und Sie gleichzeitig geistig flexibel hält.

Johann Kaspar Lavater (1741–1801), der mutige Vorkämpfer für Recht und Freiheit, der geistreiche Literat und leidenschaftliche Christuszeuge, Freund von Goethe, Herder, Jung-Stilling und Oberlin, schreibt:

»Findest Du einen Menschen, der ruhig…, mit wahrer Teilnehmung, mit stillem Bedürfnis zuhören kann, der Dich nicht leicht unterbricht, der nicht zwei Fragen auf einmal stellt, die Antwort auf eine gelassen abwartet und ganz auffaßt… so denke, einen Schatz im Acker, eine Perle gefunden zu haben.«

Merke:

**DER REDENDE NIMMT MEIST SICH,
DER HÖRENDE NIMMT
DEN ANDEREN WICHTIG.
DURCH AKTIVES ZUHÖREN
KANN VERTRAUEN
UND EINE NEUE QUALITÄT
VON BEZIEHUNG GEWONNEN WERDEN.**

5. Anteilnahme – sachlich oder persönlich?

Jede Kommunikation hat zwei Ebenen:

A) Sachliche (rationale) Ebene
B) Persönliche (emotionale) Ebene.

Wir Menschen haben eine seltsame Scheu, dem Mitmenschen auf der persönlich-emotionalen Ebene zu begegnen. Und doch ist es unser verborgener Wunsch, daß andere uns ihr Interesse auf ganz persönliche Weise entgegenbringen. Dieser Widerspruch ist ein großes Hindernis für echte Kommunikation. Es fällt uns leichter, über sachliche Probleme zu sprechen, als über das, was den anderen emotional bewegt.

Beispiel 1: Eine Nachbarin gibt sich besorgt; ihr Sohn zeigt wenig Interesse für die Berufsausbildung, seine Hobbies füllen ihn ganz aus.
Wie würden Sie antworten? _ _ _ _ _ _ _ _ _ _ _ _ _ _ _
_ _

a) »Keine Sorge! In einigen Jahren wird Ihr Problem sich in nichts aufgelöst haben. Nur Kopf hoch!«
b) »Ja, die Jugend weiß oft nicht, was sie will. Wenn wir früher die Bildungsmöglichkeiten von heute gehabt hätten ...«
c) »Das kenne ich auch von meinen Kindern. Ich habe es manchmal mit Strenge versucht, aber vergeblich. Vielleicht hat Ihr Sohn zu wenig Verständnis von Ihnen erfahren?«
d) »Wie sind Sie bisher damit fertiggeworden? ... Verfolgt Sie dieser Gedanke nicht bis in die Nacht? ... Wie werden Sie damit fertig? ... Wenn ich mich in diese Situation hineinversetze, dann spüre ich, wie das aufwühlt.«

Sicher gibt es hier nicht nur *eine* richtige Art zu antworten. Doch ist das Bemühen, persönliche Anteilnahme zu zeigen (d), zweifellos am ehesten geeignet, ein echtes, tieferes Gespräch aufzubauen. Merken Sie, wie leicht es uns fällt, das Problem auf der sachlichen Ebene abzuhandeln? Doch wenn wir uns auf der persönlichen Ebene bewegen, wird das Gespräch verstehender und ergiebiger. Wollen Sie es üben?

Beispiel 2: Ein Student ist geladen von politischer Protesthaltung. Nach seiner Überzeugung ist der Welthunger nur auf den Egoismus der Kapitalisten zurückzuführen. Er fordert eine Systemveränderung.

  – Wo sehen Sie einen Ansatz für ein verständnisvolles Gespräch auf der persönlichen Ebene, unabhängig vom politischen Standpunkt? _ _ _ _ _ _ _ _ _ _ _ _ _ _ _ _

_ _

Beispiel 3: Der Arbeitskollege äußert sich in Pausengesprächen wiederholt verächtlich über die Christen. Spannung liegt in der Luft.

  – Wie wird sich wohl das Gespräch entwickeln, wenn Sie auf der Ebene A einsteigen? Und wie, wenn Sie auf der Ebene B beginnen, später aber behutsam die Ebene A miteinbeziehen? _ _ _ _ _ _ _ _ _ _ _ _ _ _ _ _ _ _

_ _

Im Geflecht der zwischenmenschlichen Beziehungen ist die persönliche Kommunikations-Ebene gegenüber der sachlichen Ebene unterentwickelt und sollte entsprechend gefördert werden. Selbst in den Bereichen, in denen rationales, analytisches Denken gefordert ist, kann es dienlich sein, wenn emotionale Dissonanzen oder Widerstände auf der persönlichen Ebene aufgelöst werden.

Persönliche Aussagen sind oft schwieriger als sachliche Aussagen. Hierzu ein **Beispiel:**

> Wenn etwas eingestanden werden muß, etwa eine schlechte Gewohnheit, so ist es nicht schwer zu sagen: »Das macht man so …« (verharmlosend, unpersönlich).
>
> Es ist schwieriger zu sagen: »Wir machen oft diesen Fehler« (sachlich, verallgemeinernd).

Am schwersten ist das Geständnis: »Ich habe einen Fehler gemacht« (sachlich und sehr persönlich).

Gewöhnlich wechseln wir zwischen den beiden Ebenen hin und her. Bisweilen gibt es auch vermeintlich persönliche Aussagen, die doch wegen ihres allgemeinen Charakters nur auf der Sachebene einzuordnen sind.

Je persönlicher wir uns einbringen, desto besser erreichen wir einen verstehenden Widerhall bei unserem Gesprächspartner. Um so sachgerechter kann dann das eigentliche Thema behandelt werden.

In der Politik werden die großen Probleme fast immer auf der Sachebene diskutiert. Doch die Ursachen für die meisten Fehlschläge liegen nicht im Sachlichen, sondern im Persönlichen. Die Politiker werden nicht in erster Linie aus sachlichen Gründen heraus gewählt, sondern aus persönlichen Motiven der Sympathie, ob wir dies richtig finden oder nicht. Und wenn sie stürzen, dann meist aufgrund von persönlichen Ursachen. Auch wenn sachliche Gründe genannt werden, etwa der Mißerfolg, so ist gerade er von subjektiv-emotionaler Bemessung nicht frei.

»Das Leben besteht nicht in der Hauptsache aus Tatsachen und Geschehnissen. Es besteht im wesentlichen aus dem Sturm der Gedanken, der jedem durch den Kopf tobt.«
Mark Twain

Persönliche Anteilnahme – wie?

Sie geschieht nicht von selbst, nicht automatisch. Auf der Sachebene – da kann vieles aus Gewohnheit, aus Routine gemacht werden. Paul Tournier sieht die beiden Ebenen als »Pole, die Welt der Dinge und die Welt der Person« und zeigt die Unterschiede: »Das Ich ist bekannt, das bin ich selbst. Aber in der Ich-Es-Beziehung bin ich ein neutraler und kalter Beobachter, mein Gefühl ist nicht beteiligt, ich bin so objektiv wie möglich und bringe meine persönlichen Gefühle zum Schweigen, so gut ich kann … Folglich wird alles, was ich beobachte, einschließlich des Menschen, in meinen Augen zum Objekt, zur Sache ... Das ist die wissenschaftliche Haltung.

In der Ich-Du-Beziehung hingegen bin ich persönlich beteiligt. Es handelt sich nicht mehr darum, zu beobachten, zu analysieren, zu studieren, ein moralisches Urteil zu fällen ... sondern um eine unmittelbare und gegenseitige Erkenntnis, wobei ich selbst beteiligt bin und vom anderen ebenso verstanden werde, wie ich ihn verstehe«. (Aus: Antwort, die das Leben gibt).

Wie wird dieser hohe Anspruch einer echten, persönlichen Anteilnahme erfüllt? Fast könnte man zweifeln, ob es jemals gelingt, fast könnte man resignieren.

Da kommt uns Jesus zu Hilfe. In zahllosen Situationen läßt er uns miterleben, wie er es gemacht hat. Und zusätzlich ermutigt er uns: In seinem Namen können auch wir es wagen.

Das Vorbild

- Den trotzigen, wenig interessierten Simon gewinnt Jesus, indem er ihn um eine Gefälligkeit bittet (Lukas 5,3). Durch diese persönliche Geste kommt Simon freiwillig in die Lage (mit Jesus im gleichen Boot), auch sachlich die wichtigsten Informationen der Guten Nachricht zu hören.
- Er ist zu Gast bei Marta und Maria (Lukas 10,38–42). Zwischen den Frauen kommt es zu Differenzen: Ist die Hausarbeit der Gastgeberin das Wichtigste oder das Hören auf die Gute Nachricht? Bevor er die notwendige sachliche Korrektur bringt, beginnt der hohe Gast seine Antwort auf der persönlichen, emotionalen Ebene, dort, wo sich die meisten Empfindlichkeiten und Verletzungen festsetzen: »Marta, Marta, du sorgst und mühst dich um so viele Dinge ...« Wir spüren geradezu, wie dieses persönliche Mitfühlen, dieses Zeichen der Anerkennung einen Weg für die Korrektur bahnt, die gegeben werden muß.

– Dem gesellschaftlich nicht anerkannten Zöllner Zachäus erteilt Jesus keine Lektion, weder über Ethik im Beruf, noch über religiöse Defizite. Er gewinnt ihn ganz persönlich, unmittelbar: »Ich muß heute dein Gast sein« (Lukas 19,5).

TAKT ist eine wichtige Voraussetzung für persönliche Anteilnahme. Unter Takt versteht Oswald Sanders die »Kunst, uns so an die Stelle der anderen zu versetzen, daß wir das herausspüren und vermitteln können, was sie brauchen, und daß wir sie aus ihren Vorurteilen herauszulösen vermögen«.

Außer Takt ist dafür das notwendig, was mit Worten viel zu oft und in Wirklichkeit viel zu wenig vermittelt wird: *LIEBE.*

>*Ihr müßt die Menschen lieben,*
wenn ihr sie verändern wollt.
Euer Einfluß reicht nur
soweit wie eure Liebe.«

Das ist ein Wort von Johann Heinrich Pestalozzi, dessen Leben ein Beweis dafür war, daß Liebe nicht in erster Linie durch Worte, sondern durch das Beispiel des Lebens überzeugt.

Fragen zum Nachdenken:

– Was sollte sich bei mir ändern, damit ich mich besser in den anderen einfühlen, mich mit ihm identifizieren kann?

– –

– –

– –

– Wie kann ich in andere Liebe investieren, wenn sie mir auf Anhieb unsympathisch sind? Wie kann dies echt und unaufdringlich geschehen? – – – – – – – – – – – – – – – –

– –

– –

Anregung dazu Markus 10,17 ff., besonders 18 u. 21: »Jesus sah ihn voller Liebe an«.

Wir wollen uns merken:

**TIEFGANG BEKOMMT
DAS GESPRÄCH ERST DANN,
WENN ICH MICH SELBST EINBRINGE,
WENN ICH PERSÖNLICHE
ANTEILNAHME BEWEISE.**

6. Führen – oder sich zurücknehmen?

Kommunikation ist kein Zufallsprodukt. Entweder: Mindestens ein Gesprächspartner bemüht sich bewußt um die Qualität der Kommunikation und versucht zu führen. Oder: Kommunikation findet nicht statt.

Beispiel 1. Sie haben aus der Nachbarschaft eine Einladung zu einer sommerlichen Gartenparty erhalten. Da finden sich nun die verschiedensten Leute ein, solche, die Sie kennen, und auch ganz Unbekannte, Sympathische und solche, die Ihnen auf Anhieb weniger sympathisch sind, interessante und weniger interessante Menschen.

Es gibt Gelegenheit zu guter Konversation – oder man läßt es darauf ankommen, was geplaudert wird, mehr oder weniger Belangloses.

- Wie verhalten Sie sich in einer solch ungewohnten Umgebung?
- Warten Sie erst mal ab, oder gehen Sie auf bestimmte Leute zu?
- Würden Sie sich spontan von den interessanten Persönlichkeiten anziehen lassen, oder würden Sie eher eine Aufgabe an denen sehen, die weniger populär sind?
- Wo sind die Chancen für gute Kommunikation, wo ist Ihre Aufgabe?

Anregungen: Lukas 5,3   Lukas 14,1–6

Beispiel 2. In einer bisher harmonischen Familie gibt es unerwartete kleine Störungen; die heranwachsende Tochter betrachtet die Tischgespräche als erzlangweilig. Überhaupt findet sie die Art der Eltern und ihres Sprechens zu dominierend.
– Was ist zu tun?
– Könnte es tiefere Gründe für die Meinungsverschiedenheiten geben, die angesprochen werden sollten?

Dazu ein Hinweis: »Meistens sprechen Eltern *zu* ihrem Kind, auch wenn dies in freundlicher Weise geschieht. Was das Kind aber hört, ist nichts als eine Predigt. Die tragische, größte Schwierigkeit zwischen Jugendlichen und Erwachsenen besteht in der Abwesenheit einer wirklichen Verständigung ...
Es gibt aber auch Situationen, in denen es hilfreich ist, direkt vorzugehen: »Ich habe ein Problem. Ich möchte gern wissen, was du darüber denkst. Wenn ich versuche zu kochen, und du willst gleichzeitig, daß ich dir bei den Hausaufgaben helfe, komme ich ganz durcheinander, weil ich zwei verschiedene Dinge gleichzeitig tun will. Was glaubst du, was wir tun könnten?« (Aus: R. Dreikurs und V. Soltz, Kinder fordern uns heraus, Stuttgart 1969)

Beispiel 3. Sie sind zu einem offiziellen Empfang eingeladen und kennen die meisten der in der Lobby wartenden Personen nicht.
Was tun?
Auf einzelne zugehen und ein zwangloses Gespräch versuchen, wäre dies nicht naheliegend? Und sobald der oder die Angesprochene sich aktiv beteiligt, können Sie sich im Zuhören üben.
Lukas 14,7–11   Apostelgeschichte 16,13–15

Folgende Thesen zur Anregung:

1. *Sie sollten auf den anderen zugehen.* Vielleicht fällt es ihm noch schwerer als Ihnen.
2. Ihr Gegenüber läßt sich gern von Ihnen ansprechen, vermutlich *wartet er auf einen freundlichen Gesprächspartner.*
3. *Was* am Anfang geredet wird, ist nicht ganz so wichtig. *Wie* es gesagt wird, ob mit Zuwendung, mit welchem Tonfall, das könnte beachtenswert sein.
4. Wenn allmählich das Gespräch in Fluß kommt, dann ist Gelegenheit, dem *Gesprächspartner Vorfahrt* einzuräumen.
5. Bei unterschiedlichen Auffassungen empfiehlt es sich, *zurückzufragen,* abzuwägen, auch die eigene Auffassung zu hinterfragen.
6. Je mehr Sie den eigenen Standpunkt als den allein richtigen darstellen, um so weniger läßt sich Ihr Gegenüber davon überzeugen.
7. Wenn Sie die Aufgabe sehen, ein Gespräch inhaltlich zu prägen, dann sollten Sie führen; *wenn das Gespräch stocken will, gehen Sie voran; wenn es läuft, lassen Sie dem anderen Vortritt!*

Folgerung:

WER EIN GESPRÄCH PRÄGEN WILL,
MUSS DIE INITIATIVE ERGREIFEN,
MUSS FÜHREN.
ABER ER SOLLTE SICH
AUCH ZURÜCKNEHMEN – IMMER DANN,
WENN ES AUS DER SICHT DES ANDEREN
RATSAM IST.

7. Leitlinie für verstehende Gesprächsführung

Gibt es eine allgemeine Orientierungshilfe, die für jedes Gespräch anwendbar ist, eine Art Leitplanke? Ja, die gibt es. Generationen haben sich daran ausgerichtet. Über Jahrhunderte hat sie sich so überragend bewährt, daß sie heute als Grundlage für viele Kommunikationsseminare dient.

Die Leitlinie kommt von Jesus und lautet (Matthäus 7,12):

»Behandelt die Menschen so,
wie ihr selbst von ihnen behandelt werden wollt!«

Dieses Wort ist von derart durchschlagender Überzeugungskraft, daß Immanuel Kant, der Begründer des philosophischen Idealismus, bei der Formulierung seines berühmten »kategorischen Imperativs« sich davon inspirieren ließ: »Handle so, daß die Maxime deines Willens jederzeit zugleich als Prinzip einer allgemeinen Gesetzgebung gelten könnte.«

Welch ein Kapital an Lebenserfahrung und welch eine Perspektive an Lebensorientierung ist doch in diesem Buch der Bibel konzentriert enthalten! Es lohnt sich, diese Leitlinie immer wieder, in den unterschiedlichsten Gesprächssituationen, anzuwenden. *Sind Sie bereit zu folgenden Schritten praktischer Umsetzung?*

- Meine Gesprächspartner möchte ich besser verstehen lernen; denn auch ich habe es gern, wenn meine Gesprächspartner sich bemühen, mich zu verstehen.
- Ich sollte das Gesprächsthema vom Blickwinkel meines Gegenübers aus betrachten. Es gibt immer dann ein besseres Verständnis, sooft mein Gegenüber versucht, auch meinen Blickwinkel zu berücksichtigen.
- Nicht das, was ich will, ist entscheidend. Was ich an Stelle des Partners wollte, das soll für mein Sprechen ausschlaggebend sein.

- Dem anderen will ich Interesse entgegenbringen, unaufdringlich und echt, denn auch ich will dies von anderen erleben.
- Ich möchte an ihm das Positive entdecken, nicht so sehr das Negative, das Korrekturbedürftige. Ich möchte nämlich auch lieber von ihm so gesehen und behandelt werden.
- Ich habe vor, bei künftigen Gesprächen besser auf den Partner zu hören, an seinem Denken und Erleben Anteil zu nehmen. Denn auch umgekehrt fördert es das Gespräch – und mich persönlich –, wenn der Partner mir zuhört und Anteil nimmt.
- Öfter sollte ich seinen Standpunkt bejahen, wo es sachlich begründet ist, und ihm recht geben. Denn ich weiß, wie belebend es ist, wie wohltuend, wenn auch meine Standpunkte aufgegriffen und bejaht werden.
- Meine Erfahrungen gedenke ich nur dort weiterzugeben, wo andere ausdrücklich Interesse dafür zeigen. Denn mir wird immer klarer, wie begrenzt auch mein Interesse ist, wenn andere ungefragt ihre Erfahrungen auftischen.
- Mir ist wichtig, daß mein Vertrauen zu Jesus Christus in meinem Leben und in meinen Worten sich so niederschlägt, daß meine Mitmenschen neugierig werden und Vertrauen finden – über mich zu meinem Herrn.
- Selbst bei hartnäckigen Gesprächspartnern, die meinen, immer recht haben zu müssen, ist diese Leitlinie wohl der einzig mögliche Türöffner. Denn auch ich lasse mich, wenn ich hartnäckig verbohrt sein sollte, am ehesten auf diese Weise gewinnen.

DER BEWÄHRTE RATGEBER
FÜR ZWISCHENMENSCHLICHE BEZIEHUNGEN:
DIE BIBEL.
DIE ÜBERZEUGENDE LEITLINIE
FÜR VERSTEHENDE GESPRÄCHSFÜHRUNG:
DAS WORT VON JESUS (Matthäus 7,12).

IV. Den anderen gewinnen – wie?

Welche Assoziationen, welche Anmutungen haben Sie wohl bei dem Wort »gewinnen«? Vielleicht versucht jemand, Sie für ein Vorhaben zu gewinnen, etwa eine gemeinsame Urlaubsreise oder eine Sportbetätigung, ein Hobby. Oder denken Sie eher an Verkäufer, die ihr Produkt an den Mann, an die Frau bringen wollen? Das muß auch nicht schlecht sein, sofern die Erfordernisse der Fairneß eingehalten werden. Übrigens ist der gute Verkäufer immer daran zu erkennen, daß er nur das verkauft, was der Kunde braucht, *was er will*. Er weiß, die Zufriedenheit des Kunden ist viel mehr wert als der einmal getätigte Umsatz.

1. Gewinnen – was bedeutet das?

Aber gibt es nicht auch das Gegenteil? So mag jemand einwenden, mit Recht. Zuweilen werden Menschen ausgetrickst, geködert für eine Sache, die sie eigentlich gar nicht wollen. Wenn es dies schon gibt, sollten wir diese leidigen Fälle nicht auch noch mit dem ansprechenden Wort »gewinnen« belegen.

Beeinflussung einer Person ohne deren bewußtes und freiwilliges Einvernehmen ist nichts anderes als *Manipulation*. Darunter verstehen wir die *Beeinflussung anderer für eigene Zwecke*.

Da ist der einseitige Einfluß von Interessengruppen, von einzelnen, nur auf ihren Erfolg bedachten Geschäftemachern oder von fanatischen Sektierern. Zuweilen gibt es manipulative Einflußnahme auf Abhängige und Kinder selbst unter dem Deckmantel der Religionspädagogik oder anderer vermeintlich guter Zwecke. Jede Art von Manipulation untergräbt den freien Willen des einzelnen. Echtes Gewinnen respektiert den freien Willen.

Wir sollten also einen Menschen nur zu etwas gewinnen, was aus seiner Sicht erstrebenswert ist. *Er läßt sich in echter Weise nur gewinnen, wenn sein Wollen zum Zuge kommt; unser Wollen soll ihn darin nur beflügeln.* Denken wir an das gewinnende Lächeln eines gütigen Menschen, an eine Stimme, einen Blick, die ansprechen können, eine gewinnende Herzlichkeit...

Paulus läßt in 1. Thessalonicher 2,5–8 in die Motive seines Handelns Einblick nehmen. Kein Einschmeicheln, kein eigener Vorteil, sondern die Entschlossenheit.

»Wir hatten euch so liebgewonnen, daß wir bereit waren, euch nicht nur Gottes Gute Nachricht zu bringen, sondern sogar unser eigenes Leben für euch hinzugeben.«

Wer sich von dieser Liebe treiben läßt, der hat das richtige Motiv, um andere Menschen zu gewinnen.

Dazu ein Wort des großen dänischen Philosophen Sören Kierkegaard (1813–1855):

> »Wenn es wirklich gelingen soll, einen Menschen zu einem bestimmten Ziel hinzuleiten, muß man zunächst darauf achten, daß man ihn da finde, wo er ist, und da anfängt.
>
> Das ist das Geheimnis alles Helfens. Wer das nicht kann, ist in einem Irrtum befangen, wenn er meint, jemandem helfen zu können. Um wirklich jemandem helfen zu können, muß ich mehr verstehen als er – aber doch zuerst das verstehen, was er versteht. Tu ich das nicht, so hilft ihm mein Mehrverstehen gar nicht...
>
> Alle wirkliche Hilfe fängt mit einer Demütigung an. Der Helfende muß sich erst unter den, dem er helfen will, demütigen und dabei verstehen, daß Helfen... in der Bereitwilligkeit besteht, sich vorläufig dreinzufinden, Unrecht zu haben, und das, was der andere versteht, nicht zu verstehen.«

Gewinnen bedeutet demnach:

a) Den anderen da abholen, wo er ist.

b) Ihn verstehen lernen.

c) Sich unter den stellen, dem geholfen werden soll.

Dieser ungewöhnliche Anspruch, die freiwillige Unterordnung, hat ihren Sinn darin, daß sie »für den Herrn« (Kolosser

3,23) geschieht. Sie braucht deshalb zu keiner falschen Abhängigkeit von Menschen zu führen (Epheser 5,21 Philipper 2,3).

Das gewinnende Gespräch hat seine Grenzen:

a) Wenn der andere nicht will. Dann muß ich seinen freien Willen respektieren (Matthäus 23,37; Johannes 5,38–40).

b) Wenn ein Gesprächspartner nur seine eigenen Interessen verficht oder in starrer Weise nur seinen eigenen Standpunkt gelten läßt (Markus 8,11–13; Lukas 20,19–26), möglichst guten Abschluß suchen!

Impuls zum Einprägen:

**MENSCHEN GEWINNEN, NICHT ÜBERREDEN!
WODURCH?
DURCH GEWINNENDES SPRECHEN,
FREI VON DRUCK – DAS ÜBERZEUGT.**

2. Gute Nachricht – immer gewinnend?

Säkulare Menschen von heute finden in der Regel das Evangelium nicht gewinnend. Dies ist auf verschiedene Gründe zurückzuführen:

– Sie identifizieren das Evangelium mit seinen Repräsentanten und kommen zu der Feststellung: Wenn die Vertreter dieser Lehre so wenig gewinnend sind, dann muß dies auch für ihr Dogma gelten.

– Sie finden nur mit Mühe Zugang zu Sprache und Lebensstil der Insider. Woran sollte denn erkannt werden, daß Christsein in Wirklichkeit eine neue, dynamische Lebensqualität ist – und nicht der Staub von zweitausend Jahren?

- Daß »Glaube« nichts mit Gefühlsduselei zu tun hat, sondern festes Vertrauen bedeutet, das merkt man weder bei der Mehrzahl der Prediger, noch beim Fußvolk.
- »Evangelium« heißt exakt Gute Nachricht und stellt damit einen äußerst aktuellen Anspruch. In unserer Informations- und Kommunikationsgesellschaft sind Nachrichten überall gefragt – und gute Nachrichten ganz besonders, weil sie Seltenheitswert haben.
- Aber die säkularen Menschen unserer Umgebung empfinden die Gute Nachricht nicht als gut, sondern als belastend und moralisch einengend.
- Sie werten sie auch nicht als Nachricht im Sinn von »aktuell«, sondern als verstaubt und antiquiert.

Stellungnahme

Die Gute Nachricht ist gut. Sie ist auch Nachricht, das heißt, sie ist aktuell. Allerdings wird sie unverantwortlich häufig in einer Form dargestellt, die inaktuell und unattraktiv ist. Warum eigentlich?

Insider bedienen sich zuweilen der Bibelworte wie ein Hersteller von Früchte-Konzentraten. Ausgewählte hochkonzentrierte Worte werden den Outsidern vorgetischt – oft mit kaum verhehltem Insiderbewußtsein nach dem Motto »ich weiß etwas, was du nicht weißt« – und man wundert sich, daß es nicht akzeptiert wird.

Fruchtkonzentrat wird hergestellt und konserviert, um zu einem späteren Zeitpunkt durch Beimengung von Wasser ein Getränk zu gewinnen, das für den Normalverbraucher genießbar ist. Wie würden Sie reagieren, wenn Sie in einem Restaurant statt des bestellten Orangensafts ein Konzentrat vorgesetzt bekommen, das unzweifelhaft wertvoller ist als nach Verdünnung durch Wasser – aber es entspricht eben nicht Ihrer Erwartung und auch nicht Ihren Trinkgewohnheiten?

Beispiele:

– Das Jesuswort aus Johannes 14,6 wird besonders häufig von
Insidern zitiert, auch gegenüber Outsidern, gewissermaßen
als Bestätigung ihres Glaubens. Dieses Wort ist äußerst
kostbar, und es ist sehr konzentriert, so daß die Jünger erst
zweieinhalb Jahre bei ihm in die Lehre gehen mußten, bevor sie es anvertraut bekamen. Obwohl Jesus dieses Wort
unmittelbar vor seiner Verurteilung und Hinrichtung sagte,
wurde es von ihnen nicht einmal voll verstanden (Johannes
14,8–9).

– Dem römischen Hauptmann hingegen begegnet Jesus ganz
anders, so wie Outsider es brauchen (Matthäus 8,5–10.13).

– Auch Bartimäus, von der Gesellschaft vernachlässigt, erlebt
Jesus unnachahmlich verstehend und gewinnend (Markus
10,49–52).

– Es waren allerdings konzentrierte und starke Worte, die
Jesus den Angriffen der erstarrten Insider von damals entge-
gensetzte (Johannes 5,37–40; 6,41–59). Weshalb er dieser
Personengruppe anders begegnete als den Suchenden, dies
sagt er in Matthäus 13,13–15.

Konsequenzen

Echtheit ist gefragt. Ich möchte es persönlicher sagen: Ich
brauche die echte, herzliche Vertrauensbeziehung zu Jesus. Sonst
ist alle religiöse und moralische Bemühung vergeblich. Wir brauchen den Geist Gottes, damit er uns motiviert und befähigt, für
unsere Umgebung anregend und gewinnend zu sein. Er kann uns
von festgefahrenen Denkmustern und sterilen Erfahrungen frei
machen. Was sollen wir darunter verstehen?

Wir Christen sollten auch darin echt sein, daß wir unsere
Schwächen zugeben. Was wir anderen gegenüber verlautbaren
lassen, ist oft das Gegenteil davon. Im Dialog mit Outsidern
scheinen die Insider häufig unter einem seltsam unbiblischen

Druck zu stehen, ihr Christsein erhabener darzustellen, als es wirklich ist.

- Da wird gesagt: »Zweifel kenne ich nicht, die gebe ich ab.« Der andere denkt für sich: Ob er wohl aus einer anderen Welt kommt? Jedenfalls nicht meine Blutgruppe...
- Oder: »Seit dieser Zeit bin ich ein neuer Mensch....« Sein Gegenüber rätselt: So engelgleich sieht er gar nicht aus.

Wie spricht Jesus die Menschen an, die sich ihrer Defizite bewußt sind (Matthäus 11,28–30)! Und wie oft gibt er Zuspruch, wenn Menschen zugeben, daß sie Angst haben!

Ein spezielles Problem ist die Schwellenangst der Insider vor den Outsidern. Sie äußert sich darin, daß wir während der Arbeitswoche, also auf der säkularen Schiene, geistlich sprachlos sind. Und sobald wir Rückenwind spüren, etwa weil wir Verstärkung durch Insider erfahren, kommen uns die Bekenntnisse leicht von den Lippen.

Übrigens: Auch die Outsider haben ihre Schwellenangst – vor den Insidern. Ob sie jetzt langatmig angepredigt und vereinnahmt werden sollen? Die normale Reaktion: Blockade.

So ergibt sich ein ungewöhnlicher Widerspruch:

- Die Outsider fühlen sich unsicher auf religiösem Boden und markieren um so mehr ihre säkulare Sicherheit.
- Die Insider fühlen sich auf säkularem Parkett oft unsicher, aber demonstrieren um so lieber ihre religiöse Sicherheit.
- Ergebnis: Es gibt ein Ungleichgewicht, bei dem jede Seite ihre Unsicherheit und Schwellenangst durch künstliche Sicherheit überspielt.

Wo liegt die Lösung? Ich versuche, dem anderen auf der Ebene der Unsicherheit zu begegnen. Nicht, indem ich über seine Unsicherheit spreche, sondern indem ich als einer, der selbst unsicher ist, mit dem anderen empfinde und mich mit ihm schrittweise vorantaste.

Dazu ein **Beispiel:** Es war ein bewegendes Ereignis, als zwei sympathische Outsider, sie Ärztin, er Ingenieur, ihr Vertrauen zu Jesus erklärten. Was sie in den folgenden Wochen alles erlebten, war groß. Ich fragte sie, als ich in ihrer Nähe einen Vortrag zu halten hatte, ob sie bereit wären, mit einem kurzen Wort mitzuwirken. Antwort: »Wir können nicht viel erzählen.« »Das ist ein Mißverständnis. Sie müssen nicht viel erzählen, nur das Entscheidende, was Sie bewogen hat, Jesus Ihr Vertrauen zu schenken.« Er: »Wir haben nicht so große, aufsehenerregende Dinge erlebt, die wir erzählen könnten.«

»Moment«, entfuhr es mir, »Sie vertrauen Jesus, daß er Sohn Gottes ist, daß er sich kreuzigen ließ und heute lebt. Er gibt Ihnen neuen Lebensmut und bringt alles in Ordnung, was falsch gelaufen ist – und Sie meinen, Sie hätten nichts Großes erlebt.«

Sichtlich standen sie unter dem Eindruck gewisser Paradezeugnisse, und wir machten uns klar, daß die Zuhörer aufnahmebereit sind, wenn nur etwas Echtes gebracht wird. Was die beiden dann sagten, hat spürbare Bewegung verursacht. Sie haben sich im Aufzeigen von Defiziten nicht geschont, aber Jesus wurde vielen groß.

DIE GUTE NACHRICHT IST GEWINNEND.
DER SCHWACHPUNKT
IST DIE ÜBERMITTLUNG:
AUCH SIE KANN GEWINNEND WERDEN,
WENN WIR WAGEN, OFFEN UND ECHT ZU SEIN.

3. Einladen – Wie?

Die Vermittlung der Guten Nachricht geschieht in der Regel in verschiedenen Stufen:

1. Einladen = einladende Gespräche
2. Vortrag = Gespräche im Rahmen der Vortragsveranstaltung
3. Fortsetzung = begleitendes Gespräch (Nachgespräch)

Der Reihe nach sollen die drei Stufen in ihren wesentlichen Bestandteilen dargestellt werden. Zunächst das Einladen. *Wie kann gewinnend eingeladen werden?* Am besten läßt sich dies beantworten, wenn Sie die Frage umkehren und sich an die Stelle dessen versetzen, der eingeladen werden soll.

Sind Sie bereit, sich an einem Fallbeispiel aktiv zu beteiligen?

Fallbeispiel: Ein Bekannter lädt Sie mit einer gedruckten Einladungskarte ein zu einem

Vortrag über a) Gesunde Ernährung – länger leben

oder b) Ein neues Leben durch neues Denken?

Was empfinden Sie bei diesen Themen spontan? _ _ _ _ _ _ _

Auf welche Punkte legen Sie bei einer Einladung Wert?

Was ist wichtig?

– Referent (Name, Titel) _ _ _ _ _ _ _ _ _ _
– Thema (Aktualität, Formulierung) _ _ _ _ _ _ _ _ _ _
– Vertrauen zum Veranstalter _ _ _ _ _ _ _ _ _ _
– Überzeugender Einladungstext _ _ _ _ _ _ _ _ _ _
– Vertrauen zum Einlader _ _ _ _ _ _ _ _ _ _

Wenn Sie gegenüber der veranstaltenden Organisation Outsider sind, fehlt ihnen normalerweise das Vertrauen zu ihr. Dann wird Ihnen wohl auch der Referent nicht vertraut sein. Die Aktualität des Themas kann Sie einerseits ansprechen, aber genauso auch besorgt stimmen (Neues Leben – neues Denken = New Age....?). Wie müßte sich der Einlader verhalten, damit **SIE** gern kommen?

Wie würden Sie es bewerten...

	gewinnend	eher nicht
...wenn er sagt:		
• »Diesen Vortrag müssen Sie erleben.«	_ _ _ _ _	_ _ _ _ _
• »Ich kann alles bejahen, was er sagt.«	_ _ _ _ _	_ _ _ _ _
• »Wie denken Sie über dieses Thema?«	_ _ _ _ _	_ _ _ _ _
• »Jeder muß sich mal dem Thema stellen.«	_ _ _ _ _	_ _ _ _ _
• »Auch ich war erst kritisch, aber...«	_ _ _ _ _	_ _ _ _ _
• »Wollen Sie sich ein Urteil bilden?«	_ _ _ _ _	_ _ _ _ _
• »Mich interessiert das Thema, aber ich würde lieber mit Ihnen gemeinsam hingehen.«	_ _ _ _ _	_ _ _ _ _

Was haben Sie an diesen Beispielen neu entdeckt? Was wollen Sie daraus für Ihr Einladen lernen?

Dazu einige markante biblische Musterbeispiele:

a) Wenn jemand Einwände äußert...: Johannes 1,46
b) Im Gespräch mit religiös Geprägten: Johannes 6,67
Apostelgeschichte 8,30
c) In theoretischen Diskussionen: Lukas 6,9
Lukas 10,26

Merke:

**DAS EINLADEN WIRD GEWINNEND,
WENN DIE UNSICHERHEIT
DES ANDEREN MITEMPFUNDEN –
UND DIE EIGENE EINGESTANDEN WIRD.**

Empfehlungen für das Einladen

1. Der *Vertrauenskontakt* ist für das Einladen wichtiger als alles andere. Deshalb ist das *persönliche Einladen* (mündlich oder schriftlich) viel mehr wert als das anonyme (per Inserat o.ä.).

2. *Fragen*, ob der andere Interesse hat, ist *wirksamer als behaupten*, es sei interessant. Später ggf. telefonisch rückfragen.

3. Das Bewußtsein vom *Wert der Einladung weckt mehr Interesse* als das, was ich inhaltlich darüber aussage.

4. Wenn *mich* das Interesse an der Vortragsveranstaltung *gepackt* hat, kann dies emotional – auch mit sehr wenigen Worten – den Eingeladenen packen. *Wo ich nicht ergriffen bin, wird sich auch der andere nicht ergreifen lassen.*

5. *Die Einladung muß nicht mit einem Bekenntnis verbunden werden.* Das Bekenntnis erhöht für den Eingeladenen möglicherweise die Hemmschwelle und verhärtet die ungleichen Ausgangsbedingungen: »Wie glaubensfest der Einlader schon ist – und dagegen ich?«.

6. Natürlich muß mit der Einladung etwas Persönliches verbunden werden. *Eine kleine persönliche Geste, eine Frage:* »Ob Sie dies schon kennen? Ob Sie sich mal ein Urteil darüber bilden wollen?«

7. Durch verfrühte Insiderinformationen (wer der Referent ist und was er sagt) fördern wir meist nicht das Interesse, sondern wir schmälern es und festigen zudem das blockierende Insiderimage. *Neugier des Eingeladenen soll geweckt, nicht erschlagen werden!*

8. Informationen über den Veranstalter sind ebenfalls wenig förderlich. Sie lenken die Aufmerksamkeit unnötig auf die veranstaltende Organisation und produzieren entsprechende Rückfragen. *Der einzelne Eingeladene ist wichtig, nicht die Organisation.*

9. Das Wort »*Einladung*« hat im gedruckten Text einen guten Sinn. Im persönlichen Gespräch sollte es *besser gemieden* werden. Die Aussage »Ich lade Sie ein« schafft ein Zwei-Klassen-Bewußtsein: Hier der Einlader, dort der Gast... Deshalb auch möglichst die *Vokabel* »*Gast*« *vermeiden.*

10. Nicht was wir alles sagen, muß uns beim Einladen wichtig sein; vielmehr was wir zurückhalten, damit der andere ins Nachdenken kommen kann. Hilfreich ist oftmals die telefonische Erinnerung – gewinnend, nicht drängend: »Sehen wir uns am ...?«

11. Sollten dann auch möglichst wenige eingeladen werden? Nein, hier gilt das Umgekehrte: Jeder einzelne, den wir *zusätzlich einladen*, erweitert die Möglichkeiten. Wenn jedoch nur wenige eingeladen werden, liegt auf ihnen ein unangemessener Erwartungsdruck, der sie eher vom Kommen abhält. Matthäus 22,9 u. 14.

12. Vielleicht haben Sie jetzt das Empfinden, dies sei alles etwas übertrieben. Es sei nicht nötig, sich derart konsequent in den Eingeladenen einzudenken, es funktioniere auch so. Vielleicht bei Insidern. Aber wenn Sie wirklich die Outsider erreichen wollen – sie *sind es wert, daß Sie sich einige Gedanken mehr machen, sich in sie hineinversetzen*, um – wie Paulus in 1. Korinther 9,19 sagt – »möglichst viele für Christus zu gewinnen«.

4. Gespräche im Rahmen einer Vortragsveranstaltung

a) Situation vor dem Vortrag

Die Rahmenbedingungen einer Veranstaltung sind variabel und sollten auf die Erwartungen der Eingeladenen abgestimmt sein.

Je mehr das persönliche Kennenlernen und das Gespräch im Mittelpunkt stehen, um so wohltuender ist der stilvoll angemessene Rahmen. Es ist deshalb empfehlenswert, eine Veranstaltung, die diesem besonderen Anspruch gerecht werden soll, in einem angemessenen neutralen Raum (z.B. Hotel, Stadthalle, o.ä.) durchzuführen, normalerweise in Verbindung mit einem gemeinsamen Essen oder Frühstück.

Noch wichtiger ist, daß der stilvolle äußere Rahmen auch mit einer guten persönlichen Atmosphäre gefüllt wird.

Was ist aus der Sicht des Eingeladenen wünschenswert?
- *Freundliche, ungezwungene Atmosphäre.*
- *Initiative*, mit der die Mitarbeiter/innen *auf jeden einzelnen zugehen*, persönlich grüßen, zum Tisch führen und dort bekannt machen. Die Mitarbeiter/innen dürfen keinen Funktionärshabitus haben, denn dies würde die persönliche Atmosphäre stören. Sie sollen einfach an ihrer freundlichen, hilfsbereiten Einstellung erkennbar sein.
- *Interesse aneinander* und die *Bereitschaft zuzuhören.*
- *Gefühl des Akzeptiertseins – kein Vereinnahmtwerden.*

b) Situation nach dem Vortrag

Jetzt ist wichtig, daß *der einzelne* – entsprechend dem in den vorigen Kapiteln Ausgeführten – *im Gespräch da abgeholt wird, wo er steht.*

Was ist der nächste Schritt, zu dem wir den anderen motivieren wollen?

Empfehlungen zur Gesprächsführung

1. Meist gibt es nach einem Vortrag eine kleine Pause der Befangenheit. Wer spricht zuerst? Was soll man reden? Die *Befangenheit kann am leichtesten durch Sie gelöst werden*, die Sie für das Treffen mitverantwortlich sind. Sie haben einen kleinen »Heimvorteil«: Ihnen ist die Veranstaltung vertrauter als den Eingeladenen von außen. Sie haben einen Informationsvorsprung, den Sie allerdings so wenig wie möglich zur Schau tragen sollten.

2. Ein naheliegender Anknüpfungspunkt für ein gutes Gespräch ist das *Thema des Vortrags*. Das Interesse, das den Tischnachbarn entgegengebracht wird, kann sich in entsprechenden Fragen äußern: *Wie denken Sie über dieses Thema?* Darf ich von Ihnen noch etwas hören? Welche Meinung, welchen Standpunkt haben Sie...?

3. Der *Tischnachbar soll* spüren, daß er nicht ausgefragt wird, sondern Gelegenheit hat, nach geduldigem Zuhören nun seinerseits *zu Wort zu kommen*.

4. Das Gespräch wird ergiebiger, wenn nicht alle am Tisch zusammen das Wort führen, sondern wenn *möglichst das Gespräch zu zweit* gesucht wird; nach rechts, nach links oder auch gegenüber. Es wird dann persönlicher und echter. Markus 7,33   Markus 8,23   Lukas 7,40

5. Es soll *kein großes Diskutieren* (d.h. auseinandertreiben) geben, was schnell zu einer Verhärtung der Fronten führt. Der einzelne *will sich akzeptiert fühlen* und möchte sich angeregt, aber ungezwungen mit freundlichen Menschen austauschen. 2. Timotheus 2,14.24

6. *Dem Andersdenkenden soll mit Respekt begegnet werden.* Konfrontation soll vermieden, neue Denkanstöße sollen gefördert werden. Der andere soll mit angenehmen Erinnerungen zurückdenken und auch gern wiederkommen. Titus 3,2

7. *Ziel der Gespräche* im Rahmen der Vortragsveranstaltung ist es, den Eingeladenen zum *Nachdenken* und zu einer *Fortsetzung des Gesprächs* zu motivieren.

8. Der Eingeladene soll *nicht einseitig beeinflusst und niemals unter Druck* gesetzt werden. Siehe dazu 2. Korinther 4,2.

9. Die Gute Nachricht erweist sich auch darin als gut, daß sie objektiv überzeugend und persönlich gewinnend ist. Sie will immer die *Freiheit des einzelnen Hörenden* respektiert sehen.
Johannes 8,32 u. 36   2. Korinther 3,17   Galater 5,1

10. Tatsache ist, die Gute Nachricht von Jesus Christus kann nur begriffen, befolgt und gelebt werden, wenn eine Prämisse erfüllt ist: wenn der Hörende *sich freiwillig dem Reden Gottes öffnet und ihm entschlossen Folge leistet.* Dies ist so groß, so einschneidend und belebend, daß es nur als Wunder von Gott, als Wunder des Heiligen Geistes erfahren werden kann.
Johannes 6,44   1. Korinther 12,3

11. *Eindringlich, aber nie aufdringlich!* Dies soll der Stil unserer Gesprächsführung sein. Die Erwartungshaltung ist gezielt. Gott will, »daß alle Menschen sich der Wahrheit zuwenden und gerettet werden.« 1. Timotheus 2,4. Wir wollen mit der Realisierung dieser göttlichen Zielsetzung rechnen. Dies ist mitentscheidend für das Ergebnis.

Aber wir wissen nicht, wer sich dafür öffnet. Das entscheidet der andere, dafür ist er allein verantwortlich.

12. Ein unverzichtbarer Bestandteil des Gesprächs und *Schlüssel* für alles weitere ist die *Frage, wie der andere über eine Fortsetzung des Gesprächs denkt. Wie denkt er über ein Kurzseminar bzw. eine Gesprächsrunde?*

Unser Impuls zur Gesprächsführung:

**GEISTLICH SPRECHEN BEDEUTET:
DEN ANDEREN MIT GOTT
IN VERBINDUNG BRINGEN.
DAS SOLL EINDRINGLICH,
ABER NIE AUFDRINGLICH GESCHEHEN.**

5. Fortsetzung: Das begleitende Gespräch

Das vertrauensvolle, persönliche Sprechen, wie es das Ziel der erwähnten Vortragsveranstaltungen ist, ergibt sich nicht immer von selbst. Es braucht einen – freiwilligen – Antrieb. Auf der anderen Seite darf es nicht in falscher, unfreier Weise programmiert werden, so daß der andere sich in etwas hineingezogen fühlt, was er gar nicht will.

Damit der frisch entstandene Kontakt nicht wieder erlahmt und das Gespräch lebendig erhalten bleibt, sollte – möglichst noch während der Vortragsveranstaltung – die beabsichtigte Fortsetzung anvisiert werden. Konkret heißt das:
– Das Nahziel ist *nicht* der nächste Vortragstermin; der braucht noch gar nicht bekanntgemacht zu werden. Sonst gewöhnen sich die Teilnehmer an das regelmäßige (mehr oder weniger passive) Anhören von Vorträgen, und der aktive, schöpferische Erfahrungsaustausch leidet darunter.

Das Nahziel ist das nächste persönliche Gespräch, das frei vereinbart werden sollte.

»Gern würde ich Sie bald mal wiedersehen.«

»Müssen wir an diesem Punkt aufhören? Ich würde das Gespräch mit Ihnen gerne fortsetzen. Darf ich Sie wegen eines Termins in den nächsten Tagen anrufen?«

– Eine andere Möglichkeit ist *eine Gesprächsgruppe*, die angeboten wird, um die offen gebliebenen Fragen weiter zu bedenken und zu vertiefen.

– Eine dritte Alternative setzt einen etwas höheren Anspruch, hat sich aber außerordentlich bewährt: das *Angebot eines Kurzseminars*, das thematisch ausgerichtet und unter erfahrener Leitung stehen muß. Hier ist die Sachinformation, möglichst im gemeinsamen Quellenstudium der Bibel, das Ziel. Aber auch hier kann dem persönlichen Gespräch viel Zeit und Nachdruck gewidmet werden.

Für alle drei Angebote ist es wichtig, das Interesse schon anläßlich des Vortrags zu wecken: »Wie denken Sie darüber...?«

Fortsetzung des Gesprächs ist gefragt, nicht in erster Linie Fortsetzung der Vorträge. Sie sind nur Mittel, um ins Gespräch zu kommen. Das ist insofern beachtenswert, als Vorträge – wie überhaupt jede regelmäßig durchgeführte Veranstaltung – eine Art Eigenleben entwickeln.

Hier sei das Beispiel von Frank Buchman erwähnt, dem Gründer der Gruppenbewegung. Sie wurde ihrerseits Impulsgeber für einige bemerkenswerte neue geistliche Initiativen. Der Grundgedanke dieser neuen Bewegung und gleichzeitig das Vermächtnis Buchmans war: »*Die Arbeit am einzelnen Menschen muß das Konstante, das Beständige sein; die Veranstaltungen bieten nur die Gelegenheit dazu.*« Wie kam er zu dieser Überzeugung?

Es hatte eine Zeit gegeben, in der er Sklave einer Institution geworden war, so daß seine Arbeit wenig bleibende Frucht brachte. »Ich arbeitete achtzehn Stunden am Tag«, sagte er später, »ich war so beschäftigt, daß ich zwei Telefonapparate in meinem Schlafzimmer haben mußte. Menschen kamen zu mir, aber es geschah nichts Umwälzendes in ihrem Leben. Es blieb nichts bestehen.«...

Durch ein persönliches Gespräch kommt er zur Erfahrung einer neuen Priorität: »mehr auf Gott statt auf das Klingeln des Telefons zu hören und nicht Versammlungen, sondern das Gespräch von Mensch zu Mensch zum Mittelpunkt der Arbeit zu machen. Es war ein Wendepunkt in seinem Leben.« So umreißt es sein Biograph Theophil Spoerri in »Dynamik aus der Stille«, und er zitiert nochmals Frank Buchman: »So beschloß ich, eine Stunde täglich, von fünf bis sechs Uhr, bevor das Telefon zu funktionieren anfing, in einer Zeit der Stille auf die leise Stimme des lebendigen Gottes zu hören. Alles wird so anders, wenn der Heilige Geist eine tägliche Realität wird.«

Dieses Lebensbeispiel einer Persönlichkeit mit Ausstrahlung zeigt, wie einschneidend eine Begegnung mit einem Menschen sein kann und welche multiplikativen Wirkungen davon ausgehen können. Die Mahnung ist unüberhörbar: Die Arbeit am einzelnen Menschen ist kein Einmalereignis, sie ist eine kontinuierliche Aufgabe.

Was sind die Ziele des begleitenden Gesprächs?

Der andere darf einfach nicht allein gelassen werden.
Wenn sich jemand zu einem Berufswechsel mit einem damit verbundenen Umzug entschlossen hat, so mag dies zuweilen ein einschneidendes Ereignis sein, eine Art Entwurzelung und ein Wieder-Verwurzeltwerden. Wieviel mehr gilt dies für existentiell bedeutsame Schritte oder Entscheidungen, vor allem, wenn jemand neu anfängt, nach Gott und seinem Willen zu fragen. In dieser Situation ist ein Wegbegleiter, ein Ermutiger unverzichtbar. Apostelgeschichte 9,26–28; 11,25–26.

Hemmschwellen müssen überwunden werden. Dafür ist das begleitende Gespräch eine große Hilfe. Worin besteht sie?

Unser Leben bewegt sich in bestimmten Bahnen, oft sind es festgefahrene Bahnen. Alles, was unserer bisherigen Erfahrung nicht entspricht, erachten wir für unmöglich. Wer viele Jahre ohne Gott gelebt hat, für den ist das Gebet nicht vorstellbar, geradezu denkunmöglich. Die Bibel ist atemberaubend realistisch in der Beschreibung der unmöglichsten Barrieren, die dem Glauben der einzelnen Menschen entgegenstanden. Von der patriarchalischen Gestalt Abrahams bis zum Zweifler Thomas – es gibt fast nichts in Gottes Wort, was der Mensch nicht irgendwie zu irgendeinem Zeitpunkt anzuzweifeln wagte.

Diese geistigen Hemmschwellen bestehen in Vorurteilen oder in erlebten Negativbeispielen von religiösen Menschen. Diese Hemmschwellen sind – von der Logik her – gewöhnlich keine überzeugenden Gegenargumente gegen Christus, aber sie bedeuten zuweilen eine beträchtliche Irritation und Ablenkung. Wir können dem anderen nur helfen, wenn wir – mit ihm – Hemmschwelle für Hemmschwelle anpeilen und sie zu überspringen wagen. Hier steht mir immer wieder das Bild eines Hürdenläufers vor Augen, der bis kurz vor dem entscheidenden Augenblick von seinem Trainer begleitet wird. Oder das Bild eines Skispringers, der – fast gefährlich – hoch zum Sprung ansetzt. Ist es ein »Sprung in den Abgrund«, wie manche laienhaft meinen? Nein, der Skispringer selbst empfindet anders, es ist ein Sprung zu einem großen Ziel. Wer gewinnen will, darf nicht in den Abgrund blicken, er muß sein Herz weit vorauswerfen.

Dafür braucht der einzelne, der sich für die Botschaft von Christus öffnet, Begleitung. Gewöhnlich geschieht dies in einem Gesprächskreis, meist Hauskreis genannt. Aber auch hier muß klar sein, daß der Kreis nur eine begrenzte Gelegenheit darstellt. Die begleitende Aufgabe am einzelnen ist die Hauptsache, wenigstens am Beginn des Glaubensweges.

In diesem Zusammenhang sei das Beispiel von Dwight L. Moody (1837–1899) angeführt, der von der ersten Sprosse der kaufmännischen Karriere eine außergewöhnliche Entwicklung zu einem der wirkungsstärksten Verkündiger der christlichen Botschaft nahm. »Reich will ich werden!« Das war das Programm seiner Jugendjahre. »Reich will ich machen!« So hieß das Programm, als er sich von Christus berufen wußte.

Wie kam diese Wandlung zustande? Als 17jähriger Kaufmannsgehilfe in Boston hatte er sich bereit erklärt, sonntags eine Bibelgruppe für junge Leute zu besuchen. Zunächst ödete ihn das Ganze an, aber dann wuchs die Neugier, und das Vertrauen zum Leiter der Gruppe, Mister Kimball, nahm ebenfalls zu.

Dieser besuchte den jungen Mann an seinem Arbeitsplatz, ganz unerwartet. Er nahm Anteil an den Fragen, die ihn beschäftigten und fragte ihn, indem er ihm freundlich die Hand auf die Schulter legte, ob er nicht entschlossen den Weg mit Jesus gehen wolle. Ein klares Ja war Moodys Antwort. Noch oft hat Moody später von dieser entscheidenden Stunde erzählt: »Ich spüre die Berührung des Mannes noch jetzt auf meiner Schulter.« So einschneidend und verheißungsvoll kann das richtige Wort zur richtigen Stunde sein.

Einfühlsamkeit und geistlicher Durchblick sind notwendig, um zu erkennen, was unsere Mitmenschen jetzt gerade brauchen. Wir wollen es uns bewußt machen:

**AUF DEM WEG DES GLAUBENS
GIBT ES HINDERNISSE,
GEISTIGE VORBEHALTE,
DIE WENIGER DURCH ARGUMENTE,
ALS DURCH MITFÜHLENDES,
BEGLEITENDES GESPRÄCH
ÜBERWUNDEN WERDEN.**

6. Wer soll gewinnen?

Haben Sie noch immer Probleme mit dem Wort »gewinnen«? Da denkt der eine an Lotterie und der andere an taktierendes Reden. Aber beides ist nicht gemeint, wenn die »Gute Nachricht« von Gewinnen spricht. Es geht um viel mehr. Da wird die Frage aufgeworfen: »Was hat ein Mensch davon, wenn er die ganze Welt gewinnt, aber zuletzt sein Leben verliert?« Matthäus 16,26. Diese Frage setzt da an, wo jeder Mensch, sofern er nicht völlig abgestumpft ist, einen Rest konstruktiver Unruhe in sich trägt. Im Sinn von Augustin: »Unser Herz ist unruhig in uns, bis es Ruhe findet, Herr, in Dir.«

Im Mittelpunkt der Botschaft steht das große Angebot, das sich alle Generationen vor Christus nicht richtig vorstellen konnten und das in ihm Wirklichkeit geworden ist: Wir können ihn gewinnen, den Sohn Gottes: »Ich betrachte überhaupt alles andere als Verlust im Vergleich mit dem überwältigenden Gewinn, daß ich Jesus Christus als meinen Herrn kenne. Durch ihn hat für mich alles andere seinen Wert verloren, ja ich halte es für bloßen Dreck. Nur noch Christus besitzt für mich einen Wert.« So sagt Paulus in Philipper 3,8.

Wer also soll den *Gewinn* der Botschaft haben? Unsere Mitmenschen – sie sollen gewinnen, nicht wir. Darum geht es, und nicht um unsere Erfolgserlebnisse.

Weshalb sollen wir die Botschaft weitertragen? Damit *Menschen Christus gewinnen.* Aber es gibt noch einen gewichtigeren Grund. Selbst wenn alle, die mit der Botschaft angesprochen werden, ablehnen sollten, bleibt der Auftrag unerschütterlich bestehen. Er ist erfolgsunabhängig, denn er kommt von Jesus Christus. 1. Korinther 9,16–19.

1. Die *Gute Nachricht* darf *nicht zu billig*, nicht unter Wert »angeboten« werden. Es ist unreal und unbiblisch, wenn der Eindruck erweckt wird, christliche Nachfolge bedeute ein problemfreies Leben auf der Sonnenseite unserer Erde. Es ist mehr. Wir gewinnen vertraute Gemeinschaft mit Gott dem Schöpfer. Durch Christus erfahren wir eine neue Lebensqualität, auch mitten in den Problemen. Durch ihn muß alles gut werden.

2. Die *Botschaft* soll auch *nicht zu aufwendig, zu kostspielig* dargestellt werden – als ob wir viel dafür hergeben müßten. Gott selbst hat das Höchste gegeben.

Alles, was nun nach moralisierenden Zwangsauflagen riecht, paßt nicht zur Guten Nachricht. Der andere kann nur gewinnen. Doch er gewinnt nur dann, wenn er seine ganze Persönlichkeit seinem neuen Dienstherrn verfügbar macht. Eine halbe Sache wäre eine ganze Pleite.

3. *Freiwilligkeit und Freude* – dies ist das Wesen des christlichen Glaubens. Wer dies begriffen hat, kann nicht Druck ausüben, um diesen Glauben weiterzuvermitteln. Unsere Mitmenschen dürfen nicht belagert, nicht indoktriniert werden. Wo immer dies geschieht, wird mehr blockiert und zerstört. Es wird das Gegenteil von dem erreicht, was christlicher Glaube vermitteln will.

4. Wir können nur Menschen gewinnen, wenn wir *hinhören, ob sie bereit dazu sind, ob sie wollen*. Die Menschen unserer Umgebung haben ihre eigenen Probleme. Wenn überhaupt, reden sie lieber von den unwichtigeren, vordergründigen Problemen. Die tieferen Fragen anzuschneiden, etwa gar das Kernproblem, davor haben sie Angst – und wir auch, wenn wir ehrlich sind.

5. Neben dem Zuhören gibt es noch eine andere unverzichtbare Bedingung für gewinnende Gesprächsführung: *Ermutigung*.

– Ihr Gesprächspartner sagt, daß er will, aber er äußert Zweifel. Worüber werden Sie sprechen, was braucht der andere? Er braucht wohl einen Ermutiger, der mit ihm die Stolpersteine des Zweifels beiseiteschaufelt.

– Da ist jemand, der glauben will. Aber seine negativen Erfahrungen mit religiösen Leuten sind ihm im Weg. Braucht er Erklärungen und Rechtfertigungen? Wohl kaum. Er wartet auf seinen Ermutiger – vielleicht auf den ersten Christen, an dem er ablesen kann, wie die Liebe von Jesus aussieht.

Dazu gibt uns Paul Tournier, der Arzt, Psychotherapeut und Seelsorger, einige wertvolle Einblicke (aus: Zuhören können):

»Die Menschen sprechen sich in dem Maß über ihre Probleme aus, wie wir bereit sind zuzuhören.«

»In dem Maß, wie ich selbst meine eigenen Widerstände, wahr zu sein, überwinde, kann ich den anderen helfen, die ihren zu überwinden.«

»Indem man seine Schwierigkeiten zur Sprache bringt, befreit man sich von ihnen.«

Übungen zur praktischen Umsetzung

- Sie haben etwas von Ihrem Glauben weitergesagt. Ihre Gesprächspartnerin hat kaum reagiert. Was tun? Was mag sie denken?
  Sie sollten es von ihr selbst hören, indem Sie fragen. Aber wie? _
  _
  _

- Sie haben ein gutes Buch verschenkt, wissen aber nicht, ob der Beschenkte es überhaupt gelesen hat. Wie können Sie es erfahren? Indem Sie ihn direkt fragen. Wie ist dies möglich, ohne daß Sie ihn verlegen machen? _ _ _ _ _ _ _ _ _
  _
  _

- Die Nachbarn sind von Ihnen schon zwei- oder dreimal zu Vorträgen eingeladen worden. Kein Echo. Welche Reaktion ist richtig?

  a) Nicht weiter einladen.
  b) Jetzt erst recht einladen – nur nicht so zimperlich!
  c) Fragen: »Wollen Sie diesmal nicht doch kommen?«

d) Fragen: »Darf ich Sie um einen Rat bitten? Ist es Ihnen lieber, wenn ich Ihnen nichts zusende? Mir ist wichtig, daß Sie nicht mit etwas behelligt werden, was Sie nicht wollen.«

e) Sollten die Nachbarn dies bestätigen, so haben Sie die Chance:
   - sich für die ehrliche Antwort zu bedanken –
   - und noch einmal eine freundliche Frage zu wagen: »Wenn Sie mal etwas Zeit haben, würde ich so gern von Ihnen hören, wie Sie denken...«

Menschen gewinnen – wie?

**WER MENSCHEN GEWINNEN WILL,
MUSS ZWEI BEDINGUNGEN ERFÜLLEN:
ER SOLLTE HÖREN,
OB DER ANDERE WILL,
UND MUT MACHEN,
DAMIT ER NICHT AUFGIBT ZU WOLLEN.**

7. Hinführen zur Entscheidung

Dies ist ein Thema, das in mehrfacher Hinsicht von Befangenheit und Irritationen umgeben ist. Da gibt es unangenehme Erinnerungen an forciert-drängende Dialoge: Manche (keineswegs alle) Versicherungsvertreter mit mangelnder Qualifikation, Leute, die an der Haustür etwas verkaufen wollen, oder – religiöse Insider, die ihren Gesprächspartner gegen seinen Willen bekehren wollen.

Wie können geistliche Gespräche zu einer notwendigen Entscheidung hingeführt werden?

Die Situation. Ein Lehrerehepaar, völlig unkirchlich, besucht eine evangelistische Vortragsveranstaltung. Im Nachgespräch zeigen sich die beiden positiv angesprochen. Sie scheuen sich aber, mehr zu sagen, weil sie das Gefühl haben, nicht mitreden zu können. Was tun? Es kann leicht passieren, daß man zu viel tut, zu aufdringlich wird. Aber auch das Gegenteil kann geschehen, daß man sich unnötig zurückhält, an ihren Gedanken und Gefühlen intensiver Anteil zu nehmen.

Lesen Sie dazu: Apostelgeschichte 8,26-40; 17,11

Empfehlungen:

1. Es sollte damit gerechnet werden, daß oft beide Seiten befangen sind – Ihr Gesprächspartner und Sie. Die gewisse Unsicherheit, wie der andere denkt, sollte nicht überspielt und auch nicht verdrängt werden. Je offener und freier die Gesprächspartner gefragt werden, um so besser.

2. Der andere braucht biblische Information (sachliche Ebene), aber er braucht auch den verständnisvoll abholenden Gesprächspartner (persönliche Ebene), der zwi-

schen den einzelnen Informationsschritten zurückfragt, sich miteinbringt und ermutigt.

3. Dieses Wechselspiel fordert geistliche Disziplin und Sensibilität.

   – Wenn der Suchende dazu neigt, sich sachlich über den Vortrag zu äußern (oder über eine biblische Aussage), sollte auf der persönlichen Schiene weitergefragt werden: Was bedeutet dies für Sie persönlich? Wie könnten Sie und ich dies umsetzen? Was ist wohl der nächste praktische Schritt, den Sie tun wollen?

   – Wenn der Gesprächspartner für meine Antworten Interesse zeigt (Wie können Sie erklären, daß...? Wie muß man dies und das verstehen...?), dann ist es wichtig, sich und sein eigenes Wissen zurückzunehmen und die Antwort gemeinsam aus dem Wort Gottes zu holen. Der andere soll nicht von mir und meinen Antworten einseitig abhängig werden.

4. Hinführung zur Entscheidung ist nur dann sinnvoll, wenn der suchende Partner die Entscheidung bewußt bejaht. Es blockiert eher, wenn jemand – ohne zu wollen – aufgefordert wird: Sie sollten dies jetzt lesen. Sie müßten mehr beten ... – Seine unausgesprochene Reaktion: Warum eigentlich? Und wie macht man das?

5. Es geschieht auch immer wieder, daß Menschen sich zwar für die Gute Nachricht öffnen, jedoch nicht vorankommen, weil sie keine gewinnenden Gesprächspartner haben, solche, die mit ihnen die einzelnen Erkenntnisschritte gehen, ohne vorschnell eigene Antworten zu geben. Der Gesprächspartner sollte zielbewußt, im inneren Einvernehmen mit dem anderen, die Entscheidung ansteuern.

6. Der Suchende braucht im Gespräch den nötigen Freiraum, um nicht alles erklärt, alles vorgekaut zu bekommen. Es ist

didaktisch wichtig, aber auch geistlich notwendig, den Suchenden selbst entdecken zu lassen, ihn unmittelbare Erfahrungen mit Jesus machen zu lassen.

Die wertvollsten Erfahrungen in dieser Hinsicht können erlebt werden, wenn suchende Menschen zu Bibelseminaren oder speziellen Gesprächsgruppen eingeladen werden, bei denen Jesus Christus und seine Botschaft möglichst unmittelbar zu Wort kommen. Wenn die Mehrzahl der Teilnehmer aus Outsidern besteht, wird das Seminar meist dynamischer und geistlicher, als wenn zu viele Insider zu vieles zu sagen haben und damit das Gespräch ersticken und das Interesse der Suchenden erschlagen.

Da lesen wir gemeinsam Matthäus 6,33 und Matthäus 11,28–30. Engagiert beteiligen sich auch solche, die noch beim Vorstellen freimütig sagten, seit Jahren hätten sie mit Christentum nichts am Hut gehabt.

Eine Teilnehmerin fragt: »Wie können Sie die Ungerechtigkeit und Not in der Welt erklären?« Eine Antwort liegt mir auf der Zunge, aber ich spüre: Jetzt darf ich nicht mit meiner Antwort kommen, wenn Gott am Zuge ist. So sage ich nur: »Das ist eine wichtige und bewegende Frage! Wollen wir sie in unserem Notizheft festhalten. Und lassen wir uns überraschen, ob wir beim weiteren Quellenstudium der Bibel eine Antwort darauf bekommen.« Meist geschieht es schon in den nächsten Stunden, etwa beim Durchsprechen von Johannes 3 oder Römer 3, daß sich eine Antwort nach der anderen herausschält: Schuld und Versäumnis ist nicht etwas zum Diskutieren. Es ist das Verhängnis der Menschheit, daß alle behaupten, das Rechte zu wollen, und im Zweifelsfall geschieht Unrecht im Übermaß. Wir sind auf Gott hin geschaffen – und doch tun wir alles, um von ihm wegzukommen. So groß ist die Kluft zwischen Gott und dem Menschen. Deshalb hat Gott seinen Sohn gegeben. Es ist faszinierend, gemeinsam mit Suchenden neu zu entdecken, behutsam anzuregen und auch selbst neu ins Staunen zu kommen: Wie groß ist unser Gott! Wie aktuell ist die Botschaft von Christus!

Ein Erlebnis zur Verdeutlichung: Eine konzentrierte Seminarstunde liegt hinter uns. Ein Teilnehmer bleibt zurück – eine Gelegenheit, noch ein paar Worte auszutauschen, während wir den Blick durchs Fenster in die sonnige Landschaft lenken. Wie er wohl empfindet nach all dem, was wir gemeinsam erarbeitet haben? Er signalisiert Betroffenheit. Ob er etwas Vertrauen hat zu dem, was Jesus uns anbietet? Ja, noch mehr, er hat kaum mehr Vorbehalte, wie noch vor ein paar Stunden. Ob er bereit ist, dies auch selbst im Gebet Jesus zu sagen? »Ich weiß nicht«, antwortet er. Ich meine zu spüren, wie es in ihm ringt. Da ist ein starkes Wollen – hin zu Jesus. Aber da zieht auch etwas zurück. Ich kenne es – von anderen und von mir. Im stillen bete ich, ringe ich. Mir wird deutlich: Ich muß den Gesprächspartner innerlich freigeben, aber von Gott erwarte ich das Wunder, daß er selbst in seiner Liebe zu diesem Menschen spricht. Ich frage, ob es Hinderungsgründe gibt, gewisse Bremsen. Nein, sagt er leise, aber er spricht einiges an, was Vergebung braucht. Ob er lieber das Gespräch abbrechen will? Nein, aber zum Gebet fehlt auch die Kraft.

»Ich kann es nicht, ich kann nicht spontan sein, es fehlt die Erfahrung«, so kommt es langsam aus ihm heraus. »Vielleicht brauche ich ... einfach einen, der mich ermutigt, der mir vorausgeht.« Da vernehme ich den stillen Hilferuf, der in seinen Worten verborgen ist, und wir erleben gemeinsam ein zu Herzen gehendes Gespräch mit Jesus, anfangs stockend, aber umso echter und beglückender.

In dem wertvollen Buch »Die seelsorgerliche Begegnung« weist Otto Riecker darauf hin, welche Bedeutung das »Offen sein« hat: »Genau wie der Arzt nicht mit einem bloßen Geplauder zufrieden ist, sondern dem andern helfen will und dazu der Kenntnis wichtigerer Dinge bedarf, so ist der Seelsorger nicht befriedigt, wenn er sich nur gut unterhalten hat und das Wesentliche nicht zur Sprache kam...

Und doch gilt es, sorgsam vorzugehen und zu warten, bis sich der richtige Einstieg öffnet. Schon dies Warten muß locker und gelassen, nicht ungeduldig und angespannt erfolgen. Wo ein Mensch nur so darauf fiebert, mit einem andern ins Gespräch und aufs Wesentliche zu kommen, merkt dies der andere und verschließt sich: »Man fühlt die Absicht und ist verstimmt.« Selbst ein flehentliches Hilfegebet kann sich noch beunruhigend auswirken. Die Ungeduld, die u.U. darin liegt, schadet mehr, als sie nützt – es steht noch nicht das geduldige und glaubensvolle Warten dahinter. Erst wenn der andere von uns ganz Gott hingegeben wurde und wir ganz offen und freundschaftlich für ihn bereit sind, können wir helfen.«

Wie können Menschen zur Entscheidung für Jesus Christus hingeführt werden? Das vermag nur der Geist Gottes.

Was können wir tun? Wir können beten und ringen und üben, daß wir solche Gesprächspartner werden, die – dem Wirken Gottes nicht im Wege stehen.

WER ZUR ENTSCHEIDUNG FÜR JESUS GEFÜHRT WERDEN SOLL, MUSS MEINE ERFAHRUNGEN NICHT NACHVOLLZIEHEN. ER BRAUCHT DEN FREIRAUM, UM EIGENE ERFAHRUNGEN UND EINE DIREKTE BEZIEHUNG ZU JESUS ZU GEWINNEN.

V. Die Situation, in der wir sprechen

Die konkrete Situation, in der wir stehen, hat Auswirkungen auf unser Sprechen. Und umgekehrt – wir tun gut daran, bei unserem Sprechen Rücksicht zu nehmen auf die Situation, in der unser Gesprächspartner gerade steht.

Wenn wir das Thema »Glauben« ansprechen, ist dies besonders beachtenswert, weil hier der Austausch zunächst als ungewohnt empfunden wird und Gefühle der Befangenheit fast das Normale sind. Deshalb sollten wir uns klar machen, ob und wie gut wir den anderen kennen, ob wir behutsam oder sehr offen sprechen sollten. Dies hängt auch davon ab, *ob und wann wir uns wiedersehen.*

1. Unterschiedliche Situationen

Was muß bei unterschiedlichen Situationen berücksichtigt werden? Einige Situationen sind im folgenden aufgeführt. Sie können selbst Stellung nehmen: Welche Anknüpfungspunkte sehen Sie für ein gutes Gespräch? Es gibt viele und sehr unterschiedliche Antworten. Sie können zunächst die rechte Spalte »Ziel« bedeckt halten und versuchen, das mit eigenen Worten zu umreißen, was Sie durch das Gespräch bewirken wollen.

	Anknüpfungs-punkt	Ziel
• In der Arbeitspause	_ _ _ _ _ _ _ _ _ _	Neugier wecken
• Im Wartezimmer	_ _ _ _ _ _ _ _ _ _	Interesse wecken
• Unter Atheisten	_ _ _ _ _ _ _ _ _ _	Bekennen – und in der Liebe bleiben
• Begegnung auf der Straße	_ _ _ _ _ _ _ _ _ _	Vertrauen ausstrahlen

- Beim Krankenbesuch _ _ _ _ _ _ _ _ Anteilnahme, Zuspruch

- Beim Einkauf _ _ _ _ _ _ _ _ _ _ Neugier wecken

- Begegnung im Urlaub _ _ _ _ _ _ _ _ _ Vertrauen und Interesse wecken

- Gespräch beim Tee _ _ _ _ _ _ _ _ _ Echtheit, Interesse an Fortsetzung

- In harter Diskussion _ _ _ _ _ _ _ _ _ Nicht ereifern lassen!

Können wir uns überhaupt auf solch unterschiedliche Situationen vorbereiten? Nun – die konkret bevorstehende Situation und das angemessene Gespräch sollen natürlich nicht vorprogrammiert werden. Aber wir können uns in der gedanklichen Flexibilität üben. Es kommt nicht nur darauf an, daß bestimmte Glaubensaussagen gemacht werden. Wichtig ist vor allem, daß unser Gesprächspartner sich akzeptiert fühlt, daß er *gern an das Gespräch zurückdenkt und es fortzusetzen wünscht.*

Die folgenden biblischen Beispiele können eine Anregung geben – welche?

Mt 5,13–14	Mk 10,13–16	Joh 4,6ff.
Mt 5,41.46–48	Lk 14,7–11	Joh 5,6
Mt 7,12	Joh 1,38f.	Röm 12,15–18
Mt 25,40	Joh 3,2ff.	Röm 14,1

Zusammenfassend soll festgehalten werden:

**DAS GESPRÄCH ÜBER DEN GLAUBEN
MUSS RÜCKSICHT NEHMEN
AUF DIE KONKRETE SITUATION.**

2. Das Insider-Syndrom

Was verstehen wir darunter? »Insider« sind in diesem Zusammenhang diejenigen, die sich der Gemeinde (Gemeinschaft, Hauskreis u.a.) zugehörig fühlen, im Gegensatz zu den »Outsidern«, die sich als Außenstehende verstehen. »Syndrom« ist ein Krankheitsbild, das normalerweise mehrere Ursachen hat.

Auf dem Markt der Meinungen gibt es ein verwirrend vielseitiges Angebot. Auf der Nachfrageseite fehlt es nicht an Nachfrage nach Guter Nachricht. Das Problem ist die Angebotsseite. Auf dem Markt geistiger Produkte und Dienstleistungen ist das christliche Angebot meist nicht auf die Nachfrage abgestimmt. Es ist schlecht verpackt oder wird in einer Weise angeboten, die der Angesprochene nicht als attraktiv empfindet.

Menschen suchen nach einem Sinn für ihr Leben, daran besteht kein Zweifel. Wie werden die Gläubigen dem gerecht?
Sie sind nun eingeladen, eine eigene Antwort zu wagen.

Versuch einer Diagnose:

a) Was sind die wichtigsten Aufgaben der Gemeindeglieder?

_____

_____

Und Ihre eigenen? _____

_____

b) Wieviel Zeit widmen Sie den Aufgaben innerhalb der Gemeinde? _____

_____

_____

Und wieviel für die Aufgaben an denen, die noch nicht zur Gemeinde gehören? _____

_____

c) Welche Möglichkeiten nehmen Sie wahr, um Outsider angemessen in ihrer Situation mit der Guten Nachricht vertraut zu machen? _____

_____

_____

d) Weshalb tun sich die meisten so schwer, mit Outsidern – verstehend und gewinnend – über den Glauben zu sprechen? _____

_____

_____

e) Wie kommt es, daß wir Gespräche mit Gleichgesinnten bevorzugen und Vorträge, die für Insider erbaulich sind, statt neu zu fragen, welche Verhaltensveränderung Gott von uns will? _____

_____

_____

_____

Wenn Sie diese Fragen auf sich wirken lassen und eine Antwort versuchen, haben Sie möglicherweise schon die Umrisse einer Diagnose, die unser Insider-Syndrom ausmacht. Die Insider bekennen oft ihre *missionarische Gesinnung*. Ihr *Verhalten* aber entspricht meist nicht ihrer Gesinnung. Mission bedeutet Sendung, nicht Sitzenbleiben. Die Outsider wollen in *ihrer* Welt, ihrem Lebensraum mit der Guten Nachricht erreicht werden, nicht im frommen Lager. Könnte es auch Ansätze (Punkte c–e) für eine Neuorientierung geben?

Versuch einer Therapie:

Wie können wir die Insiderblockade überwinden?

Wir neigen heute zum Schematisieren. Selbst in der wichtigen Frage, wie wir glaubwürdig über unseren Glauben sprechen können, sprechen wir oft vereinheitlichend vom »Zeugnis« – gleichgültig, ob dieses Zeugnis unter Insidern oder unter Outsidern gegeben wird.

Was sind wohl die Kommunikationsformen, die uns aufgrund unserer Veranlagung auf den Leib geschnitten sind? Was ist andererseits richtig und angemessen für das Gespräch mit dem Außenstehenden?

Im Gespräch mit dem einzelnen Suchenden war Jesus sehr menschlich, natürlich. Er beachtete die Situation, in der er sprach. Predigt und Lehre – das war sein Stil, wie er unter den Religiösen, in Synagogen und in großen Versammlungen sprach. Aber gegenüber dem einzelnen, der Jesus erleben wollte, der das Gespräch mit ihm suchte, war er ganz anders, unbeschreiblich einfühlsam – so wie der andere ihn brauchte, um die Liebe Gottes verstehen und ergreifen zu können.

Wenn heute Gläubige unter sich sind, ist Predigen und Lehren wohl die typische Form der Kommunikation. Wenn sie Andersdenkenden begegnen und ihnen gegenüber versuchen, ihren Glauben zu bezeugen, passiert es leicht, daß sie ihren internen Kommunikationsstil auch auf ihre säkularen Beziehungen übertragen und damit anecken. Der Grund für das Anecken ist gewöhnlich nicht das Desinteresse der Umgebung, sondern der Fehler, daß die Insiderkommunikationsform den Outsidern aufgedrängt wurde.

Die Blockade unseres Insiderdenkens muß überwunden werden. Aber wie? »Verhaltet euch weise gegenüber denen, die draußen sind, und kauft die Zeit aus. Eure Rede sei allezeit freundlich (in Anmut) und mit Salz gewürzt, daß ihr wißt, wie ihr einem jeden antworten sollt.« Dies ist eine klassisch klare Dienstanweisung von Paulus (Kolosser 4,5–6).

Der Reiz gewinnender Gesprächsführung liegt in der *Kombination von freundlichem und gewürztem Reden*. Dazu brauchen wir Weisheit und Bevollmächtigung von Gott. Denn vom Naturell her neigen wir entweder zu freundlichem, aber harmlosen Reden oder zu gewürztem, aber zu forschem; oder gar zu ganzer Schweigsamkeit?

Schritte der Neuorientierung:

- Für das Gespräch mit den Outsidern ist ein *Umdenken notwendig;* sie müssen in ihrer Situation, in ihrem Denken, in ihrer Sprache angesprochen werden.
- *Das neue, nach außen gerichtete Verhalten braucht Training.* In Mitarbeiterteams, in Hauskreisen und Gesprächsgruppen muß der neue Kommunikationsstil trainiert werden.
- Freundliches Lächeln ist gut, aber es reicht nicht, und flottes Vokabular reicht auch nicht. Wir brauchen die *Weisheit*, die von Gott kommt, und seine Liebe.
- Darum können wir Gott bitten (Kolosser 4,2). Er will unsere Bitten erhören, aber er will auch *unser Verhalten* gegenüber den Menschen *erneuert* sehen, die noch draußen stehen.

Die Herausforderung heißt:

**DIE GLÄUBIGEN (INSIDER)
BRAUCHEN EIN NEUES BEWUSSTSEIN
FÜR DIE AUSSENSTEHENDEN (OUTSIDER):
FÜR IHRE SITUATION,
WIE MAN SICH DRAUSSEN FÜHLT,
UND FÜR IHR DENKEN.**

3. Unter Outsidern

»Woran kann man denn erkennen, ob die anderen dazugehören, oder ob sie noch draußen stehen?« So oder ähnlich wird oftmals unter Insidern gefragt. Seltsam, daß die Outsider zuweilen schneller erkennen, wer Insider ist und wer nicht zu ihnen gehört. Sie begründen es gelegentlich so: »Der ist so anders. Er unterscheidet sich in allem von den anderen.« Wenn dies von einem Christen gesagt wird, ist es für ihn gewöhnlich eine Art Anerkennung; er wird nicht mit den Outsidern identifiziert. Es ist wie ein Lebenszeugnis. Mit Recht? Könnte nicht zuweilen gemeint sein: Er ist anders = er ist seltsam, komisch...?

Man lese dazu noch einmal 1. Korinther 9,19–23.

Der Drang zur Abzusonderung ist nicht ohne weiteres als geistliches Motiv einzuschätzen. Die biblische Aufforderung sich abzusondern, etwa 2. Korinther 6,17, gilt den ungeistlichen Tendenzen zu faulen Kompromissen im Kreis der Insider. Siehe auch 1. Korinther 5,9–11. Am Beispiel des Paulus erkennen wir, wie die Berufung durch Christus ein zweifaches Ziel hat.

Erstens: *Heraus aus den alten egoistischen, ungöttlichen Bindungen und hinein in die Lebensgemeinschaft mit Christus.*

Zweitens: *Nach entsprechender Vorbereitung – hinein in den säkularen Bereich, um im Auftrag von Christus am Reich Gottes mitzubauen.*

Dieser zweite Ruf ist unter den Insidern wenig praktiziert. Vielleicht weil es mit dem ersten noch »hapert«?

Aber es hängt so viel davon ab, ob wir in diesem Punkt die richtige geistliche Einstellung haben oder nur eine eingebildet-frömmelnde! Unsere heutige Gesellschaft hat nur dann eine Chance zu überleben, wenn glaubensvolle Menschen mitten in dieser Gesellschaft als »Salz der Erde« wirken.

Wie können wir diesem Anspruch entsprechen?

Wir müssen uns auf die spezielle Situation der Outsider einstellen.

Die Gute Nachricht bietet ein vielfarbiges Mosaikbild von unterschiedlichen Vorgehensweisen, durch die der Kontakt zu den Outsidern möglich wird. Im Gegensatz zu unserem wenig einfallsreichen, fast schematischen »Zeugnis« heute kennt die Bibel ein reichhaltiges Spektrum von sorgfältig differenzierenden Sprachformen, um den unterschiedlichen Situationen gerecht zu werden.

Wenn wir für diese kostbaren Nuancen eine Antenne haben, kann durch dieses Anschauungsmaterial unser geistliches Sprechen mit Outsidern sensibilisiert werden.

Drei verschiedene Situationen sollen aufgezeigt werden:

a) **Ablehnende**

In einer Umgebung, die sich durch Ablehnung des Christusglaubens hervortut, ist mein Bekenntnis gefragt, gefordert. Ziel ist hier zunächst nicht, zu verstehen und zu gewinnen – im Gegensatz zu dem, was bisher über Gesprächsführung gesagt wurde – sondern ihn zu bekennen, Jesus Christus, meinen Herrn. Auch wenn ich damit abgelehnt werde. Dies ist die Situation des Bekennens.

> (Im Urtext griech.: homologein = sich zu ihm
> stellen, übereinstimmen, sich eins machen mit ihm)
> Matthäus 10,32–33   Johannes 9,22
> 1. Johannes 2,23   Römer 10,9
> Matthäus 26,69–75   Philipper 2,11

– *Jesus bekennen ist mehr als »vom Glauben« reden.* Römer 10,9. Wie kommt es, daß es uns passender erscheint, von unserem Glauben – als einer Sache – zu reden, als zu bekennen, daß Jesus Christus mein Herr ist?

– Sind wir uns bewußt, wie häufig heute um uns herum der heilige Name unseres Gottes entehrt wird? Matthäus 6,9. *Deshalb ist es gerade in einer Situation der Ablehnung geboten, sich zu ihm zu bekennen.*

– Bekenntnis und Leben müssen übereinstimmen.
Matthäus 5,14–16   1. Petrus 2,15   Kolosser 1,10

b) Gleichgültige

In einem »neutralen« Umfeld von Menschen, die sich
gleichgültig gegenüber Gott zeigen, sind andere, vielfältige
Möglichkeiten des Sprechens denkbar. Ziel ist es hier, die
Realität Gottes überzeugend darzustellen und *für Jesus und
sein Wirken heute Interesse zu wecken.*

(martyrein = bezeugen, was er getan hat, was er mir
bedeutet)

Johannes 15,27	Apostelgeschichte 8,25
Johannes 4,39.44	Apostelgeschichte 18,5
Apostelgeschichte 4,33	Apostelgeschichte 28,23 u. 24

– Voraussetzung, um überzeugen zu können:
Ich muß wissen, wo der andere steht, wie er denkt. Einen
gemeinsamen Denkansatz will ich finden, von dem aus
mein Gesprächspartner sich zu neuen Erkenntnissen
gewinnen läßt.

– Überzeugungsarbeit braucht Vorbereitung, Training
(1. Petrus 3,15 b).

Nur dann brauche ich mir über das Bekenntnis
keine Gedanken zu machen, wenn ich seinetwegen
verfolgt werde. Matthäus 10,18–20 Lukas 12,11–12

c) Suchende

*Menschen, die schon fragend sind, brauchen vorzugsweise
verstehendes und gewinnendes Sprechen.*

Der Urtext zeigt: Hierbei ist nicht Lehre oder Predigt im Vordergrund, sondern das ganz natürliche
Sprechen (legein, eipein) oder Antworten (apokrit-
hein) und mit wohltuender Bevorzugung das päda-
gogisch einfühlsame Fragen (erotan).

Lukas 5,22 ff.	Lukas 22,68
Lukas 6,3 u.46	1. Petrus 3,15 b
Lukas 8,45	

– *Einfühlsames Fragen erschließt rege Gespräche.*
Wie kann ich durch Fragen mich selbst einbringen, ohne
den anderen auszufragen? Wie kann ich gleichzeitig das
Gespräch nach vorn bringen, so daß der Gesprächs-
partner gefördert wird?
Lukas 24,17.19.26.

– *Fragendes Sprechen ist nach einem* (evangelistischen) *Vortrag besonders wichtig.* Weshalb wohl? (siehe 2 a)

Impuls:

> DIE UNTERSCHIEDLICHEN
> FRAGEN DER MENSCHEN
> DÜRFEN NICHT SCHEMATISCH
> BEANTWORTET WERDEN.
> ES MUSS NACH DER BESONDEREN
> ANTWORT GEFRAGT WERDEN,
> DIE GOTT IN EINER KONKRETEN SITUATION
> GEBEN WILL.

4. Öffentliches Sprechen

Dies ist ein Thema, das im Berufsleben heute zunehmende
Bedeutung gewinnt. Im Lager der Christen ist es allerdings noch
sehr unterentwickelt. Positiv ausgedrückt: Hier liegt vor uns ein
großes Entwicklungspotential.

Was macht die Aufgabe so schwierig? Da gibt es persönliche
Hinderungsgründe, aber auch Hemmnisse, die in der Tradition
ihre Ursache haben. Die Insider sind an den Stil der Predigt
gewöhnt, die häufigste Kommunikationsform der Christen. Sie
ist meist mehr oder weniger sachlich gehalten und monologisch
angelegt.

Immer stärker wird das Bedürfnis nach einer Kommunikation, die persönlich geprägt und dialogisch angelegt ist. In den letzten Jahren hat sich das »Zeugnis«, eine Art geistlicher Erfahrungsbericht, als neuer Kommunikationsstil neben der Predigt mehr und mehr durchgesetzt. Es kommt aber normalerweise nur bei den Insidern an – warum?

Das nebenstehende Schaubild zeigt, daß das *Zeugnis* durch die Komponenten *Monolog* und *persönlich* definiert ist. Das *Interview* hingegen bietet Gelegenheit zum *Dialog* und zu weniger emotionaler Aussage (weil *sachlich*).

DIALOG

	DISKUSSION INTERVIEW	INTERVIEW TALK-SHOW	
SACHLICH	VORTRAG »PREDIGT«	PERS. BERICHT »ZEUGNIS«	PERSÖNLICH

MONOLOG

Das »Zeugnis« in der üblichen Art hat für den Outsider oft den Stallgeruch des Insiders. Wir nehmen uns dabei unmerklich zu wichtig (zu persönlich!) und bringen das Ganze zu monologisch, in Predigtform, vor. Damit erreichen wir die Outsider nicht.

Dialog, Gesprächsform ist heute gefragt. Beispielhaft dafür ist im Fernsehen die Beliebtheit von Interviews, Talk-Shows und Diskussionen bzw. Hearings. Wollen wir nicht neu daraus lernen? Wie kann öffentlich vom Glauben gesprochen werden?

Impuls:

**ÖFFENTLICHE BEITRÄGE
VON CHRISTEN (»ZEUGNISSE«)
SOLLTEN MEHR AUF DIALOG
ALS AUF MONOLOG ANGELEGT SEIN.
PERSÖNLICHE AUSSAGEN SIND ERWÜNSCHT,
ABER SIE MÜSSEN IN STIL, FORM UND INHALT
AUF DIE ZUHÖRER ABGESTIMMT SEIN.**

5. Modell: Persönlicher Kurzbeitrag

Da gibt es plötzlich für Sie eine Gelegenheit, vor einem kritischen Publikum zu sprechen, in Kürze zu sagen, warum Sie Christ sind. Dafür stehen Ihnen fünf Minuten zur Verfügung. Wie kann das, was Ihnen wichtig ist, übermittelt werden – anschaulich, überzeugend, echt und geistlich?

Empfehlung 1: Sie sollten vorbereitet sein.

Die Vorbereitung für einen öffentlichen Kurzbeitrag sollte frühzeitig erfolgen, längst bevor Sie dazu Gelegenheit bekommen – am besten heute!

Empfehlung 2: Die Vorbereitung sollte erfolgen nach dem

Zwei-Schritte-Modell:

A. **Was ist mir wichtig?**	B. **Was ist für die Zuhörer wichtig?**
– – – – – – – – – –	– – – – – – – – – –
– – – – – – – – – –	
– – – – – – – – – –	– – – – – – – – – –
– – – – – – – – – –	
– – – – – – – – – –	– – – – – – – – – –
– – – – – – – –	
– – – – – – – – –	– – – – – – – – – –

Tragen Sie in Spalte A einiges stichwortartig ein, was Sie mit Christus erlebt haben, was Ihnen wichtig ist.

Aber dies ist nicht alles für die Ohren der Zuhörer geeignet (Spalte B). Frage: Was ist für sie wichtig? Und wie wollen Sie es darstellen, damit das Entscheidende verstanden wird?

Empfehlung 3: Trainieren Sie öfter mit dem Zwei-Schritte-Modell: Alles, was Sie erleben, erfordert aus der Sicht des Zuhörers von Ihnen ein Umdenken, ein Eindenken in ihn und eine entsprechende sprachliche Umsetzung. (Keine Insiderstories!)

Vorbild: Paulus in Athen
A. Was hat er erlebt, empfunden? Apostelgeschichte 17,16
B. Was hat er den Zuhörern gesagt? Apostelgeschichte 17,22

Fragen zur Anregung und zum Umdenken

Corrie ten Boom berichtet, wie sie in früheren Jahren, vor der schweren Zeit der Unterdrückung, eine Arbeit unter jungen Erwachsenen aufbaute. (In Ihm geborgen, S. 68f.). Es wurde »größerer Wert auf die Zurüstung der Leiter gelegt«. Die dabei behandelten Fragen sind auch für uns noch wegweisend:

1. Kam das Evangelium klar heraus?
2. Wie lautete der erste Satz, und vermochte er die Aufmerksamkeit zu wecken?
3. War Humor darin?
4. Welche konkreten Hilfen wurden gegeben...?
5. War auch die Ewigkeit genügend ins Blickfeld gerückt worden?
6. War die Darstellung plastisch und lebendig genug?
7. Klares Bild vom Ganzen und gute Beispiele?
8. Regte es zum Handeln, zum Glauben und zur Ausdauer an?

VI. Schlüssel für geistliche Gesprächsführung

Als Unternehmensberater bin ich darauf getrimmt, in schwierigen Zusammenhängen möglichst gezielt auf den Kern des Problems zu sprechen zu kommen. Ein geeignetes Instrument dafür ist die *Stärken-Schwächen-Analyse*. Mit ihrer Hilfe bekommen wir die Schlüsselpunkte eines Problems in den Blick. Wir lassen zunächst das außer acht, was normal oder selbstverständlich ist, und konzentrieren uns auf den Krankheitsherd, auf die »Minen, die im Keller liegen«.

Entsprechend könnten wir versuchen, das anspruchsvolle Thema »Geistliche Gesprächsführung heute« nach versteckten Minen, d.h. Schwachpunkten, abzuklopfen; die Kriterien dafür müssen geistlich sein.

Folgende Schlüsselpunkte sollen ins Blickfeld geführt werden:

1. Initiative

Dies ist eine ganz wichtige Komponente der Guten Nachricht: die Tatsache, daß Gott nicht nur ein fernes, ruhendes Wesen ist, sondern ein handelnder Gott, der in Christus die Initiative zur Rettung aller Menschen ergriffen hat. Von der Weihnachts- bis zur Osterbotschaft ist alles von dieser großen Initiative erfüllt, die größer ist als alles, was sich Religionen je erhofft haben: Gott wurde Mensch.

Aus dieser einzigartigen Initiative Gottes erwächst etwas Neues. Von den Hirten bei Bethlehem bis zu den Frauen am Grab des Auferstandenen, vom Märtyrer Stephanus bis zum Missionsstrategen Paulus – eine Kettenreaktion von Initiative wird wirksam, die in dieser Dynamik alles Bisherige übertrifft. Menschen, von Christus ergriffen, ergreifen ihrerseits die Initiative, um diese lebenssprühende Botschaft weiterzugeben.

Kein Zweifel – Initiative ist ein Wesensmerkmal des Christusglaubens und Dynamik auch. Beides kann nicht vererbt werden. Und im Laufe der Generationen sind Stilblüten des Glaubens entstanden, die nicht alle eine Augenweide sind. Wenn heute Menschen auf der Straße nach ihrer Meinung über das Christentum gefragt werden, so wird es meist als rückständig und verstaubt, als eine lebensferne Sache für passive Leute verstanden. Vielleicht sagen Sie, das seien Vorurteile. Nun, woher kommen Vorurteile? Wer ist für sie in erster Linie verantwortlich, wenn nicht die Christen?

A.W. Tozer sagt: »Die Welt geht zugrunde, weil sie Gott nicht mehr kennt. Und die Kirche hungert aus, weil Gottes Gegenwart nicht mehr in ihr spürbar ist … Für mich war es immer schwer, jene evangelikalen Christen zu verstehen, die beharrlich in der Krise leben, als ob keine Krise wäre. Sie sagen, sie dienten dem Herrn, aber sie teilen ihre Tage so ein, daß sie eine ganze Menge an Zeit noch haben zum Spielen, Bummeln und für all die Späße dieser Welt, die man so noch mitnehmen kann. Sie fühlen sich ganz wohl, während die Welt in Flammen steht …«[*]

Initiative – was bedeutet dies praktisch?

– Sind Sie bereit, den ersten Schritt auf den anderen zuzugehen – auf der Straße, in der Arbeitspause, beim Einkaufen, in der Bahn?

– Wollen Sie versuchen, die erste kleine Hemmschwelle für ein Gespräch zu überwinden, indem Sie mit einem Gruß, einer freundlichen Geste beginnen, weil es dem anderen vielleicht noch schwerer fällt?

[*] Entnommen aus: Extracts from the Writings of A.W. Tozer, Send the Light Trust 1969, Operation Mobilisation, S. 15

– Sind Sie sich bewußt, daß Ihr Gegenüber, trotz all seinen Eigenarten, von Gott geschaffen und von ihm geliebt ist? Aber er kann die Liebe Gottes wohl nur empfinden, wenn da von Ihnen etwas rüberkommt.

– Welche konkreten Schritte kann ich von folgenden Beispielen ableiten: Apostelgeschichte 8,30; 11,20; 16,13; 17,23.

Folgerung:

**INITIATIVE IST GEFRAGT,
UM DIE SÄKULAREN MENSCHEN
MIT DER BOTSCHAFT VON CHRISTUS
ZU ERREICHEN.**

2. Haben wir eine Vision?

Wir leben in einer Zeit, die sich wie noch nie zuvor durch hervorragende technische Möglichkeiten der Kommunikation auszeichnet: Presse, Funk, Fernsehen, Btx, Telefax. Aber die menschliche Kommunikation, die persönliche Verständigung von Mensch zu Mensch wird immer fragwürdiger.

In dieser Kommunikationsgesellschaft ist die Christenheit eine Quantité négligeable, ein Faktor, den man fast übersehen kann, zumindest gilt dies für Europa und im besonderen für Deutschland.

Unsere Gesellschaft braucht zur Lösung der immer größer werdenden Probleme eine Vision mit durchschlagender Überzeugungskraft. Aber woher sollte sie kommen, wenn nicht die Christen als Botschafter einer unschlagbaren Hoffnung diese zu übermitteln vermögen? Hier klafft eine bedenkliche Lücke.

Wo keine Vision ist, keine Gottesoffenbarung, da wird das Volk orientierungslos. Sprüche 29,18.

Wo keine Vision ist, da fehlt auch meist eine klare Konzeption. Die Konzeptionslosigkeit zeigt sich nicht nur in der pluralistischen Widersprüchlichkeit der Amtskirche, sondern auch – und dies ist noch unverständlicher – in manchen Kreisen, die sich pietistisch verstehen. Pietismus, das war doch die kraftvolle Bewegung, die aus der Kraft Gottes Glauben und Leben als überzeugende Einheit erleben wollte und denkwürdige Beispiele glaubwürdigen Lebens gab – von A.H. Francke, dem genialen Schöpfer sozialer und pädagogischer Modelle, bis zu Graf Zinzendorf, diesem Original mit weltweiter Ausstrahlung. Wir brauchen heute Tiefgang und Weite des originären Pietismus, um die Botschaft von Christus in die meinungsbildenden Schichten unserer Gesellschaft hineinzutragen.

Aber ist es überhaupt richtig, sich ein solches Ziel vorzunehmen? Darf man auf dem Gebiet des Glaubens Ziele haben, Konzeptionen entwickeln?

Lesen Sie bitte dazu: Lukas 14,28; Apostelgeschichte 15,36.

Es gibt hier ein internes Unbehagen, das selten zur Sprache kommt: Die meisten Gläubigen bekennen sich zum Missionsauftrag. Sie fühlen sich in ihrem Denken missionarisch, aber wenn es an die praktische Umsetzung geht, kommen die Bedenken. Kann man überhaupt ein Glaubensgespräch vorbereiten? Kann man Gesprächsführung lernen? Ist dies nicht eine kommerziell anmutende Praxis der Verkäufer und Macher? Müßte sich ein echtes Glaubensgespräch nicht »einfach ergeben«, ohne gezieltes Wollen oder Bemühen? Mag sein. Vielleicht kann sich auch bei einer Hausfrau ein schmackhaftes Essen »ergeben«, aber meist ist es doch davon abhängig, daß sich jemand mit viel Liebe und Phantasie eingedacht und alles sorgfältig und pünktlich vorbereitet hat.

Das Unbehagen richtet sich nicht nur gegen zielgerichtete Gesprächsführung, sondern auch gegen jede Konzeption, jedes Planen von gezielten Glaubensschritten: »Wir können doch nicht geistliches Wachstum machen. Es wird uns doch ohne unser Zutun geschenkt.« Das erste ist richtig: Planen allein bringt noch kein Wachstum. Aber das zweite ist falsch: Geistliches Wachstum folgt bestimmten Wachstumsgesetzen. Eine unabdingbare Voraussetzung dafür ist, daß ich meinen Willen dem Willen meines Herrn unterstelle. Und Gott will geistliches Wachstum in meinem eigenen Leben wie in meiner Umgebung.

Konsequenz für mich: Ich sollte Gottes Gedanken nachdenken, seine Verheißungen offen ergreifen und mein Leben darauf einstellen.

»Wir müssen uns klar sein darüber, daß Erweckungen ... wie jedes andere Geschehen durch geeignete Mittel und Maßnahmen herbeigeführt werden können.

Wir alle sollten erkennen, daß menschliche Mitwirkung für eine Erweckung ebenso unerläßlich ist wie das göttliche Eingreifen.« Dies sagt nicht ein selbstsicherer Macher, sondern der so überaus gesegnete und bevollmächtigte Evangelist Charles G. Finney. Aber er fügt auch warnend hinzu: »Sind sich die Gläubigen nicht mehr ihrer völligen Abhängigkeit vom Herrn bewußt, dann hört eine Erweckung auf; stützen sie sich auf ihre eigene Kraft, dann verflucht Gott ihren Dienst.«[*]

Bin ich bereit, abseits von meinem festgeprägten traditionellen Frömmigkeitsstil ganz neu mit der lebensverändernden Kraft zu rechnen, die Gott mir durch seinen Geist zukommen lassen will?

Was setzt dies voraus? Gehorsam. Daß ich will, wie er will. »Haben Sie bemerkt, wieviel in letzter Zeit um Erweckung gebetet wurde – und wie wenig Erweckung hat sich ergeben? Ich glaube, unser Problem ist, daß wir versucht haben, Gehorsam durch Gebet zu ersetzen; und so geht es nicht.«[**]

Wir fassen zusammen:

**VISION UND KONZEPTION
SIND NOTWENDIG,
UM DIE SPRACHLOSIGKEIT
DER CHRISTEN ZU ÜBERWINDEN.**

---

[*] Charles G. Finney: Der Weg zur Erweckung, Biberstein/Aargau, S. 26 u. 31
[**] Entnommen aus: Extracts from the Writings of A.W. Tozer, Send the Light Trust 1969, Operation Mobilisation, S. 15

3. Mut zu Veränderungen

Wir leben in einer Zeit der Veränderungen. Es gibt fast nichts, was sich nicht ändert. Was hat sich nicht alles in der Politik geändert, allein in den letzten Jahren, geradezu Wechselbäder von Hoffnungen und Enttäuschungen und neuem Hoffen. Im Bereich der Wirtschaft ist die Veränderung zum Prinzip geworden; wer sich nicht flexibel den ständig veränderten Herausforderungen stellt, ist schneller, als er denkt, im Abseits. Man lernt nicht mehr einen Beruf fürs Leben, Beruf bedeutet zwei-, dreimalige – oft durchgreifende Veränderung des beruflichen Anforderungsprofils. Umschulung und Weiterbildung sind ein unerbittlicher, alle Berufe umfassender Zwang, dem sich niemand ohne schwerwiegende Folgen entziehen kann.

Was lernen wir daraus? Was muß sich bei uns ändern, damit die Gute Nachricht heute die säkularen Menschen erreichen kann?

Unser *Verhalten* muß sich grundlegend ändern. Es fehlt nicht in erster Linie an guten Absichten. Unter den Gläubigen ist das Anliegen Mission durchaus präsent. Es gibt erfreulich breite Bereitschaft für eine finanzielle und betende Unterstützung der Mission. Das missionarische *Bewußtsein* ist also – mehr oder weniger – vorhanden, aber *unser Verhalten entspricht dem absolut nicht.* Zumeist besteht ein schreiender Gegensatz zwischen Theorie und Praxis. Im Kopf sind wir missionarisch, aber unsere Füße sind es nicht, noch nicht mal unsere Hände. Wie sollten dann unsere Worte und Gefühle davon durchdrungen sein?

Mit folgenden **Thesen** soll eine Antwort versucht werden:

1. Wer Christus nachfolgt, erlebt Veränderung; nicht nur einmal, immer wieder. Ohne diese permanente Veränderung, die unser Denken und Sein, unser Handeln und Fühlen umfaßt, gibt es kein echtes Christsein.

Christen sollten demnach Vorbilder der Veränderungsbereit-schaft sein. Dabei geht es nicht um Veränderung um jeden Preis. Es gibt gerade unter Christen eine Tendenz zum Konservativen. Sie ist dann berechtigt, wenn sie *Bewahrung des Bewährten* bedeutet, *um offen zu sein für die Veränderungen, zu denen Christus uns gewinnen will.* Wo ist Beharrlichkeit angebracht (Philipper 4,1; Hebräer 13,7–9), wo ist Veränderung und Flexibilität geboten (Römer 12,2; Philipper 4,5–9; 1. Korinther 9,22; Kolosser 3,12–17)?

2. Die Botschaft von Christus ist gültig und muß sich keiner Veränderung unterwerfen, wohl aber müssen dies die Botschafter. Die Überbringer der Botschaft können nur in dem Maß Verständnis und Akzeptanz erwarten, wie sie in Sprache und Stil die konkrete Situation berücksichtigen und sich darauf umstellen.

Was sollte in unserem Lebensstil verändert werden, und was in unserer Sprache?

3. Die Lernbereitschaft unserer Generation läßt sich an dem wachsenden Interesse ablesen, das den unterschiedlichsten Schulungseinrichtungen und Fortbildungsstätten, vor allem dem breitgefächerten Seminarangebot entgegengebracht wird. Den Problemen der Kommunikation wird dabei eine besondere Bedeutung beigemessen.

Was werden Sie tun, um die Anregungen dieses Buches

a) *selbst umzusetzen* und

b) *im Freundeskreis und in Gesprächsgruppen weiterzutragen?*

Bekanntlich läuft ohne wiederholtes Durcharbeiten und entsprechende Anwendung nichts.

Ein Hinweis zur Abrundung des Themas:

Wir brauchen heute die geistliche Dynamik und Lernbereitschaft eines Charles Haddon Spurgeon (1834–1892), der selbstkritisch einräumt, daß auch seine Predigt manches Mal keine Wirkung gehabt habe, »weil ich, wie ich fürchte, es nicht mit der Dringlichkeit, dem Ernst und der Herzlichkeit gepredigt habe, mit der es hätte verkündet werden sollen.« Welche Konsequenzen sind nach seiner Auffassung zu ziehen?

»Die Lehre, die aus Ihrem Nicht-Erfolg zu ziehen ist, ist nicht, mit der Arbeit aufzuhören, sondern *die Methode zu ändern ...* Hat Ihre erste Methode keinen Erfolg gehabt, so müssen Sie dieselbe verbessern. Prüfen Sie, worin Sie gefehlt haben, und dann mag durch das Ändern der Methode oder des Geistes, in dem gearbeitet wird, der Herr Sie zu einem Grade von gesegneter Wirksamkeit bereiten, der weit über Ihre Erwartungen hinausgeht.«

Merke:

**UNSERE UMGEBUNG LERNT AM BESTEN
VON MENSCHEN, DIE SELBST
LERNBEREIT SIND.
VERÄNDERUNG LERNT SIE AM BEISPIEL
DERER, DIE SELBST OFFEN
FÜR VERÄNDERUNG SIND.**

VII. Gesprächsführung und Lebensführung

1. Ein Leben, das überzeugt

Menschen, die heute nach einem Sinn für ihr Leben Ausschau halten, nach einer überzeugenden Antwort auf ihre vielen beunruhigenden Fragen, sie suchen nicht nur Worte, sie suchen mehr. Sie haben meistens ein Gespür für das echte Christsein, bei dem die Worte nicht dem Leben vorauseilen. Sie fragen nach Menschen, in deren Leben etwas von Christus erkennbar ist.

Hier liegt auch der Grund für die härtesten Enttäuschungen, die mit einzelnen Christen gemacht wurden. Es ist für uns lebenswichtig, daß neu begriffen und bewiesen wird: Echtes Christsein bedeutet, von ihm, Christus, ergriffen zu sein, aus seiner Kraft heraus zu leben und in der Linie seines Willens zu handeln. Das ist das Leben, das zu überzeugen vermag.

Wo wird dies überzeugender dargestellt als am Lebensbeispiel des Paulus? Vieles war bei ihm nicht gut, wie er offen eingesteht (Apostelgeschichte 26,1–23): Er ging seinen eigenen Ego-Weg und meinte, es sei auch aus Gottes Sicht richtig. Doch war es der Weg der Unfreiheit. Als er auf die Stimme von Jesus hörte, den er bekämpft hatte, wurde er umgewandelt, wurde er ein freier Mensch.

Hier ist ein Ausschnitt aus seinem bewegten Leben (Apostelgeschichte 17 und 18). Vieles davon hat für uns Vorbildcharakter.

Situation 1. Paulus hatte in Athen, dem Zentrum von Wissenschaft und Kunst, einen ungewöhnlichen evangelistischen Vorstoß gewagt. Es gab Wirkungen. Das einflußreiche Ratsmitglied Dionysius wurde Christ. Wenn dies ausdrücklich erwähnt wird, hat dies doch wohl eine Bedeutung. Die Gute Nachricht soll durchaus auch in den Schichten der Einflußreichen Eingang finden. Welche Möglichkeiten können sich ergeben, wenn eine führende Persönlichkeit wie Dionysius nicht nur »mit dem Strom schwimmt«, sondern entschlossen und voller Mut sich zu Jesus bekennt.

Wo sind heute auf der Ebene der Verantwortlichen solche Bahnbrecher, die für eine Erneuerung der Gesellschaft dringend notwendig sind?

Situation 2. Wir hören von Damaris, die ebenfalls zum Glauben kam. Der Arzt und Schriftsteller Lukas hebt sie namentlich hervor, als ob er an ihr die neue Wertschätzung deutlich machen wollte, die Christus den Frauen entgegenbringt – entgegen allen damals herrschenden Auffassungen.

Auch heute haben Frauen auf zahllosen Gebieten, gerade auch in der Vermittlung der christlichen Botschaft, eine nicht mehr wegzudenkende Pionieraufgabe.

Situation 3. Als Reaktion auf den Auftritt des Paulus gibt es auch lässige Gleichgültigkeit und harte Ablehnung – wie immer, wenn die Botschaft des gekreuzigten und auferstandenen Gottessohnes vermittelt wird. Rasch, scheinbar unvermittelt verläßt Paulus die Hauptstadt, obwohl seine Anwesenheit für die Betreuung der jungen Gemeinde eigentlich dringend vonnöten ist.

Ist unsere Generation nicht mindestens genauso von Gleichgültigkeit und Ablehnung durchdrungen? Und gleichzeitig gibt es schüchternes Fragen, verborgene Sehnsucht nach Gott.

Situation 4. Korinth, die Stadt des Handels, ist sein nächster Wirkungsort. Dort sucht er nicht die Publizität, nicht das öffentliche Podium, er sucht die Stille. Die Gemeinschaft mit Gleichgesinnten, die er in Athen eine Zeitlang schmerzlich vermißt hatte, erlebt er jetzt im Haus des Aquila und seiner Frau.

Hier wird die Bedeutung der Gemeinschaft und der Stille vor Gott deutlich. Wenn wir erleben wollen, daß wieder geistliche Wirkungen nach außen geschehen, in unsere Gesellschaft hinein, dann ist dies die Voraussetzung.

Situation 5. Als unerwünscht waren Aquila und Priscilla aus Rom ausgewiesen worden. Der Glaube an den einen Gott nach jüdischer Tradition war der Grund, weshalb ihnen von der römischen Weltmacht alles entzogen wurde, was ihnen bisher Heimat bedeutete. Aussiedler sind sie nun, gegen ihren Willen, fast rechtlos. Nahezu alles in der Stadt ist ihnen noch fremd. – Da kommt Paulus. Er gewinnt ihr Vertrauen. Sie entdecken aneinander einiges, was verbindet: die gemeinsame Tradition ihres Glaubens und der gleiche Beruf – Zeltmacher. Der hochgebildete, bedeutende Paulus – er verdient sich seinen Unterhalt durch gediegene Handwerksarbeit. Wollten Sie nicht auch den Gesprächen lauschen, die hier in der Werkstatt bei der Arbeit geführt werden? Hier wird lebensnaher Glaube gelebt. So fällt es Aquila und Priscilla nicht schwer, Jesus mehr und mehr Vertrauen zu schenken.

a) Dieser Zeltmacher-Dienst ist in seiner doppelten Zielsetzung geradezu eine zukunftsweisende Strategie, die von verschiedenen, geistlich lebendigen Gruppierungen weltweit aufgegriffen wird: Der Beruf ist Aufgabe von Gott und wird mit fachlicher Sorgfalt, aber auch mit größtmöglicher mitmenschlicher Rücksichtnahme wahrgenommen. Und er ist zusätzlich eine unvergleichliche Gelegenheit, um den Glauben an Christus zu bewähren, um ihn für die Umgebung nachvollziehbar darzustellen, anziehend zu machen.

b) Sind wir uns bewußt, daß die Menschen, denen wir die Gute Nachricht sagen, unser Leben besonders genau beobachten? Entdecken sie Punkte, mit denen sie sich identifizieren können, so wächst das Vertrauen zu uns – und unwillkürlich auch zu Christus.

Situation 6. Die Verkündigung, zuerst auf die Synagoge, auf den Kreis der traditionell Gläubigen beschränkt, stößt auf hartnäckigen Widerstand. Paulus zieht die Konsequenz und ändert Ort, Ziel und Methode seiner Missionsstrategie: Er verlegt seine Ansprache in das der Synagoge benachbarte Wohnhaus des Titius

Justus, eines aufgeschlossenen Suchenden. Da geschieht der Durchbruch. Krispus, der Synagogenvorsteher, kommt mit seiner ganzen Familie zum Glauben an Jesus. Es ist wie ein Dammbruch; der lange angestaute Widerstand löst sich auf. Viele öffnen sich für die neue Lehre, bekennen sich zu Christus und lassen sich taufen.

a) Hier wird deutlich, daß die Vermittlung der Guten Nachricht nicht in etablierten, frommen Räumen erfolgen soll, sondern im Lebensraum der Menschen, die erreicht werden sollen. An ihrem Arbeitsplatz, im eigenen Heim, am Platz der Freizeitbetätigung.

b) Der Amtsinhaber Krispus kann sich da besser öffnen, wo er keine Funktion hat, wo er sich frei fühlt – im Privatbereich. Auch heute liegen die großen Chancen der Laien darin, daß sie auf beruflicher Ebene oft eine große Zahl von Vertrauenskontakten gewinnen, die geistlich genutzt werden sollen. Nicht in erster Linie für ausführliche Gespräche während der Arbeitszeit, sondern für eine Fortsetzung der Kontakte unter geistlichen Vorzeichen – auf der Ebene der Freizeit.

Situation 7. Ein Erlebnis bei Nacht. In allem beglückenden Erleben gibt es Anfechtungen, die Paulus wohl bis in die Nacht hinein verfolgen. Dies kennen wir doch auch?

Wie mag alles weitergehen? Wer betreut die Menschen, die den Anfang mit Jesus gewagt haben? Wie können die wachsenden Widerstände überwunden werden? Wie bekomme ich die nötige Kraft?

In dieser Situation wachsender Angst können wir mit Paulus die besondere Nähe unseres Herrn erleben. Er spricht uns Mut zu: »Hab keine Angst, sondern rede und schweige nicht!«

Hier berührt Jesus unseren wunden Punkt. Die Sprachlosigkeit der Christen hat ihre Ursache in einer tiefen, oft unbewußten Angst vor den säkularen Menschen, vor ihrem total anderen Lebensstil. Diese Angst wird nicht durch Abwarten und

Schweigen überwunden, sondern nur, indem wir den Auftrag unseres Herrn vorantreiben und das Gespräch mit den Andersdenkenden suchen, verstehend und gewinnend. Dann gilt auch uns die Verheißung: »Ich bin mit dir ... In dieser Stadt habe ich ein großes Volk.« Es ist eine Verheißung mit einer großen Vision.

In unseren Städten sehen wir gewöhnlich die bedenkliche Übermacht der Andersdenkenden und die mickrige Minderheit der Gläubigen: in Berlin und Hannover, in Leipzig und Frankfurt. Aus der Sicht unseres Herrn ist es anders. Er kennt bereits die vielen Menschen mit Namen, die er in Kürze zum Umdenken führen will. Leben mit Gott bedeutet Festzeit. Es ist alles von seiner Seite vorbereitet (Lukas 14,17). Wer Gemeinschaft mit Gott beginnt, erlebt neue Freude und Zuversicht, unabhängig von den äußeren Wechselfällen. Doch zwei Bedingungen überläßt Gott unserer freien Entscheidung: Ob die Christen sich neu zum Botschafterauftrag rufen lassen, und ob die mit der Botschaft angesprochenen Menschen hören wollen.

DIE ANGST DER SPRACHLOSIGKEIT WIRD NICHT DURCH ABWARTEN UND SCHWEIGEN ÜBERWUNDEN, SONDERN DURCH VERTRAUEN UND PRAKTISCHE LERNSCHRITTE.

2. Gesprächskreise – offen für Veränderungen?

Es gibt erfreulich viele Gesprächskreise (Hauskreise), die sich dem gemeinsamen Bibelstudium widmen.

Das Problem liegt nicht in der Quantität, eher in der Qualität der Treffen: in Inhalt und Substanz der einzelnen Gruppenveranstaltung. Es empfiehlt sich, öfter *Bilanz* zu ziehen:

1. Wo stehen wir?

Diese Frage kann einige Widersprüchlichkeiten aufzeigen, die eine Klärung notwendig machen.

- Wir reden und reden – aber *öffnen wir uns auch persönlich?*
- Wir lesen gemeinsam die Bibel – aber sind wir auch *bereit, wirklich zu hören?*
- Wir versuchen, die Bibel zu verstehen – aber versuchen wir auch, das Erkannte in unserem Leben *umzusetzen?*
- Wir tauschen unsere Meinungen aus – sind wir auch bereit, *voneinander zu lernen?* Sind wir offen für neue Teilnehmer?
- Wir bringen gute Vorsätze ein – aber *verändert sich auch etwas in unserem Leben?*

Wenn wir uns diese Fragen stellen, werden wir uns unserer *Defizite* bewußt. Wir fangen an zu sehen, daß uns etwas fehlt, was wir brauchen. Hier kann neue Empfangsbereitschaft entstehen für das, was Gott denen verspricht, die ihn suchen: »Wenn ihr mich von ganzem Herzen suchen werdet, so will ich mich von euch finden lassen, spricht der Herr.« Jeremia 29,13.14

2. Was wollen wir?

Normalerweise wollen alle, die einen Bibelkreis besuchen, gemeinsam die Bibel lesen. Insoweit gibt es ein Minimum an gemeinsamem Wollen. Doch meist sind die Erwartungen, die dahinterstehen, sehr verschieden. Der eine erwartet harmonische Gemeinschaft, der andere interessante Diskussionen. Manche fragen sich, ob es Gewißheit im Glauben gibt, andere demonstrieren Selbstsicherheit. Es gibt solche, die geistliches Wachstum suchen und andere, die es mit vielen Argumenten verhindern.

Selbst eifrigen Schriftkennern mußte Jesus sagen: »Ihr sucht in der Schrift, denn ihr meint, ihr habt das ewige Leben darin; und sie ist's, die von mir zeugt; aber ihr wollt nicht zu mir kommen, daß ihr das Leben hättet.« Johannes 5,39.40.

Man kann also Bibel lesen – allein oder gemeinsam – und liest am Entscheidenden vorbei... Da ist höchste Alarmstufe. Es kommt alles darauf an, daß ich *ihn* finden will – Jesus; daß ich seine Stimme hören will und bereit bin, ihm zu folgen.

Empfehlungen für Gesprächskreise

Die Erwartungen der Teilnehmer müssen auf ein *gemeinsames Ziel* ausgerichtet sein.

– Entweder ist die Fragestellung missionarisch: *»Wie werde ich Christ?«* Dann sollten auch die Teilnehmer mehrheitlich *Suchende* sein; alles, was besprochen wird, sollte Suchende angehen, sollte entscheidungs-orientiert sein.
Ein einzelner Suchender kann sich normalerweise in einer Gruppe von Gläubigen nicht entfalten. Er braucht mindestens einen – oder eine Gruppe – zum zielgerichteten Vorwärtsschreiten.

– Oder die Fragestellung zielt auf Wachstum: *»Wie bleibe ich Christ?, wie wachse ich, wie bewähre ich mich?«* Dann sollten die Fragen des Dienstes, des Gehorsams und der Heiligung besprochen werden.

Die Vermischung beider, völlig unterschiedlicher Zielsetzungen, wie sie in vielen Hauskreisen vorzufinden ist, führt zu einem unfruchtbaren »faulen Kompromiß«: Die Suchenden verlieren dann die Freude am eigenen Finden, weil sie sich durch eine Mehrheit von wissenden Gläubigen bedrängt fühlen. Die Gläubigen verlieren den Wunsch nach geistlichem Wachstum, weil sie sich im Vergleich zum Anfänger immer noch wissend fühlen und zu Selbstzufriedenheit neigen.

- In einer lebendigen Bibelgruppe, die auf ein klares Ziel ausgerichtet ist, müssen die *Themen* entsprechend *klar und praktisch aussagefähig* sein.
  Beispiel: »Wie lerne ich beten?«

- Die einzelnen Fragen können vielfältig sein, sie sollen dazu führen, daß sich *jeder Teilnehmer mit der Frage persönlich identifizieren* kann.
  Beispiel: Was habe ich in letzter Zeit beim Beten erlebt? Wodurch wurde mein Beten behindert, wodurch wurde es gefördert?
  Wie kann ich neue Freude zum Beten empfangen?

- *Das ehrliche Fragen muß gefördert werden.* Antworten sollten wir nicht vorschnell geben, sondern sie vielmehr gemeinsam in der Schrift suchen.

- *Die Gruppe muß menschlich harmonieren.* Das soll nicht falsche Angleichung bedeuten. Interessen und Begabungen dürfen unterschiedlich sein, wie auch Berufe und sogar Konfessionen. Aber es muß ein starker gemeinsamer Wille vorhanden sein, von Gottes Wort zu lernen, den andern zu verstehen und sich selbst von Gott verändern zu lassen.

- Eine lebendige Bibelgruppe braucht *Verbindung zur grö-ßeren Einheit* der Gemeinschaft von Gläubigen. Sie sollte möglichst Verbindung zu einer lebendigen Gemeinde haben oder in eine geistliche Dienstgemeinschaft integriert sein.

- Um frisch und lebensvoll zu bleiben, sollte *jede Bibelgruppe zeitlich befristet* sein. Der Leiter der Bibelgruppe muß jedoch Sorge tragen, daß jeder Teilnehmer eine Anschluß-gruppe besuchen kann.

Zeitliche Begrenzung – warum?

– Das festgelegte Thema ist vorläufig erschöpft und sollte durch ein anderes ersetzt werden.

– Die Teilnehmer, die sich oft sehr unterschiedlich entwickeln, haben nun Gelegenheit, zur Fortsetzung des Bibelgesprächs eine Gruppe zu besuchen, die ihrem persönlichen Bedarf, ihren Fragen und ihren Erwartungen am meisten entspricht.

– Jede anspruchsvolle Bibelgruppe sollte, wie ein anspruchs-volles Seminarangebot, auf konkrete Fragestellungen in einer konkreten Situation eingehen. Dies bedeutet: zeitliche Begren-zung und *Öffnung nach außen*.

3. Zusammenfassung: 30 Impulse zur Gesprächsführung

I. Das große Fragen und die Sprachlosigkeit

Wie überwinden wir die Sprachlosigkeit? Wenn wir wichtiges mitzuteilen haben – und wenn wir es mitzuteilen verstehen.

II. Voraussetzungen für gute Gesprächsführung

1. Hören ist ergiebiger als Reden.
   Gutes Hören befähigt zu gutem Reden – nicht umgekehrt.

2. Um dem anderen begegnen zu können, muß ich mich auf seiner Ebene bewegen und ihn dort abzuholen versuchen.

3. Ein Dialog gewinnt an Substanz, wenn jeder versucht, das Problem vom Blickwinkel des Partners aus zu betrachten.

4. Gutes Fragen erschließt gutes Reden. Wir sollten nicht Antworten geben auf Fragen, die nicht gestellt wurden!

5. Recht haben blockiert das Gespräch, recht geben befreit, beflügelt es.

6. Ein gutes Gespräch besteht aus gemeinsamen Schritten – nicht aus einem, der vor-denkt, und einem, der nach-denkt.

7. Wer gut vorbereitet ist, kann spontan sein. Wer geistlich spontan sein will, muß geistlich gut vorbereitet sein.

III. Den anderen verstehen – wie?

1. Der andere braucht mein echtes Interesse, um sich in meiner Nähe wohlfühlen zu können.

2. Kritik und Urteil gefährden eine Beziehung. Eine Beziehung gewinnt Leben, wenn ich versuche, den Partner positiv zu sehen, ihn anzunehmen, wie er ist.

3. Den anderen lerne ich nur verstehen, wenn ich erfahre, was er will.

4. Der Redende nimmt meist sich, der Hörende nimmt den anderen wichtig. Durch aktives Zuhören kann Vertrauen und eine neue Qualität von Beziehung gewonnen werden.

5. Tiefgang bekommt das Gespräch erst dann, wenn ich mich selbst einbringe, wenn ich persönliche Anteilnahme beweise.

6. Wer ein Gespräch prägen will, muß die Initiative ergreifen, muß führen. Aber er sollte sich auch zurücknehmen – immer dann, wenn es aus der Sicht des anderen ratsam ist.

7. Der bewährte Ratgeber für zwischenmenschliche Beziehungen: die Bibel. Die überzeugende Leitlinie für verstehende Gesprächsführung: das Wort von Jesus (Matthäus 7,12).

IV. Den anderen gewinnen – wie?

1. Menschen gewinnen, nicht überreden! Wodurch? Durch gewinnendes Sprechen, frei von Druck – das überzeugt.

2. Die Gute Nachricht ist gewinnend. Der Schwachpunkt ist die Übermittlung: Auch sie kann gewinnend werden, wenn wir wagen, offen und echt zu sein.

3. Das Einladen wird gewinnend, wenn die Unsicherheit des anderen mitempfunden – und die eigene eingestanden wird.

4. Geistlich sprechen bedeutet: den anderen mit Gott in Verbindung bringen. Das soll eindringlich, aber nie aufdringlich geschehen.

5. Auf dem Weg des Glaubens gibt es Hindernisse, geistige Vorbehalte, die weniger durch Argumente als durch mitfühlendes, begleitendes Gespräch überwunden werden.

6. Wer Menschen gewinnen will, muß zwei Bedingungen erfüllen: Er sollte hören, ob der andere will, und Mut machen, damit er nicht aufgibt zu wollen.

7. Wer zur Entscheidung für Jesus geführt werden soll, muß meine Erfahrungen nicht nachvollziehen. Er braucht den Freiraum, um eigene Erfahrungen und eine direkte Beziehung zu Jesus zu gewinnen.

V. Die Situation, in der wir sprechen

1. Das Gespräch über den Glauben muß Rücksicht nehmen auf die konkrete Situation.

2. Die Gläubigen (Insider) brauchen ein neues Bewußtsein für die Außenstehenden (Outsider): für ihre Situation, wie man sich draußen fühlt, und für ihr Denken.

3. Die unterschiedlichen Fragen der Menschen dürfen nicht schematisch beantwortet werden. Es muß nach der besonderen Antwort gefragt werden, die Gott in einer konkreten Situation geben will.

4. Öffentliche Beiträge von Christen (»Zeugnisse«) sollten mehr auf Dialog als auf Monolog angelegt sein. Persönliche Aussagen sind erwünscht, aber sie müssen in Stil, Form und Inhalt auf die Zuhörer abgestimmt sein.

VI . Schlüssel für geistliche Gesprächsführung

1. Initiative ist gefragt, um die säkularen Menschen mit der Botschaft von Christus zu erreichen.

2. Vision und Konzeption sind notwendig, um die Sprachlosigkeit der Christen zu überwinden.

3. Unsere Umgebung lernt am besten von Menschen, die selbst lernbereit sind. Veränderung lernt sie am Beispiel derer, die selbst offen für Veränderung sind.

VII. Gesprächsführung und Lebensführung

Die Angst der Sprachlosigkeit wird nicht durch Abwarten und Schweigen überwunden, sondern durch Vertrauen und praktische Lernschritte.

LITERATURVERZEICHNIS

Verwendete Fachliteratur

Beer, Ulrich: Familien- und Jugendsoziologie. Berlin, 1961

Carnegie, Dale: Wie man Freunde gewinnt. München, 1963

Correll, Werner: Menschen durchschauen und richtig behandeln. München, 1990

Correll, Werner: Verstehen und Lernen. München, 1987

Dreikurs, R./Soltz, V.: Kinder fordern uns heraus. Stuttgart, 1969

Gordon, Thomas: Familienkonferenz. Hamburg, 1972

Gordon, Thomas: Managerkonferenz. Effektives Führungstraining. Hamburg, 1979

Holzheu, Harry: Aktiv zuhören. Landsberg am Lech, 1982

Hull, Raymond: Alles ist erreichbar. München, 1970

Ryborz, Heinz: Die Kunst zu überzeugen. Genf, 1981

Schmidt, Ulrich: Menschen lernen miteinander reden. Freiburg, 1978

Schulz von Thun, Friedemann: Miteinander reden I, Allgemeine Psychologie der Kommunikation. Reinbek, 1981

Schulz von Thun, Friedemann: Miteinander reden II, Differentielle Psychologie der Kommunikation. Reinbek, 1989

Thomann, Chr./Schulz von Thun, Fr.: Klärungshilfe. Reinbek/Hamburg, 1988

Empfohlene Literatur zum Thema

Finney, Charles G.: Anleitung. Biberstein (Schweiz), 1961

Finney, Charles G.: Der Weg zur Erweckung, Biberstein

Foster, Robert D.: Mut gewinnen zur Begegnung. Das geistliche Geheimnis des D. Trotman. Neuhausen, 1986

Kuhne, Gary W.: Evangelisation – und was dann? Die Dynamik der persönlichen Nacharbeit. Bad Liebenzell, 1979

Marquardt, H./Parzany, U. (Hg.): Evangelisation mit Leidenschaft – Berichte II. Lausanner Kongreß.
Neukirchen-Vluyn, 1990

Nouwen, Henri J.M.: Ich hörte auf die Stille. Freiburg, 1979

Peters, George W.: Missionarisches Handeln und biblischer Auftrag. Bad Liebenzell, 1977/85

Petersen, Jim: Evangelisation: ein Lebensstil. Marburg, 1983

Petersen, Jim: Evangelisieren heute – unter säkularisierten Menschen. Marburg, 1986

Riecker, Otto: Die seelsorgerliche Begegnung. Gießen, 1947, 2. Aufl., 1986

Rush, Myron: Management – der biblische Weg. Asslar, 1988

Sanders, J. Oswald: Effective Evangelism. Bromley/England, 1982

Schäfer, Paul Walter: Missionarisch denken, leben, reden. Neuhausen, 1981

Schumann, Wolfgang: Vom Glauben reden. Amt für missionarische Dienste. Heft 115, Stuttgart, 1983

Spoerri, Theophil: Dynamik aus der Stille. Wuppertal, 1971

Spurgeon, Charles Haddon: Ratschläge für Prediger.
Wuppertal, 1962

Spurgeon, Charles Haddon: Ratschläge für Seelengewinner. Neuhausen, 1975

Thielicke, Helmut: Auf der Suche nach dem verlorenen Wort. Hamburg, 1986

Tournier, Paul: Antwort, die das Leben gibt. Freiburg, 1987

Tournier, Paul: Jeder Tag ist ein Abenteuer. Freiburg, 1975

Tournier, Paul: Zuhören können. Freiburg, 1986

Trotman, Dawson: Für andere leben. Frankfurt/Main